PENSÉES
QUOTIDIENNES

Photo de couverture : Getty image – Plumeria
Greg Vaughn

Éditions Prosveta S.A. – B.P.12 – 83601 Fréjus Cedex (France)
ISBN 978-2-85566-964-9

CONGO

PROSVETA CONGO
29, Avenue de la Révolution – B.P. 768 – Pointe-Noire
Tél. : (242) 948156 / (242) 5531254 – Fax : (242) 948156
e-mail: prosvetacongo@yahoo.fr

CÔTE D'IVOIRE

Librairie Prosveta – 25 rue Paul Langevin Zone 4C – 01 Abidjan
e-mail: prosvetafrique@yahoo.fr – Tél/Fax: (225) 21 25 42 11

ESPAGNE

ASOCIACIÓN PROSVETA ESPAÑOLA – C/ Ausias March nº 23 Ático
SP-08010 Barcelona – Tél. (34) (93) 412 31 85 – Fax. (34) (93) 318 89 01
e-mail: aprosveta@prosveta.es

ÉTATS-UNIS

PROSVETA US Dist.
26450 Ruether Ave #205 – Santa Clarita CA 91350
Tél. (661) 251-5412 – Fax. (661) 252-1751
e-mail: prosveta-usa@earthlink.net. / www.prosveta-usa.com

FRANCE – DOM TOM

Éditions Prosveta S.A. - B.P. 12 – F - 83601 Fréjus CEDEX (France)
Tél. (33) 04 94 19 33 33 – Fax (33) 04 94 19 33 34
e-mail: international@prosveta.com – www.prosveta.com

GRANDE-BRETAGNE – IRLANDE

PROSVETA – The Doves Nest, Duddleswell Uckfield – East Sussex TN 22 3JJ
Tél. (44) (01825) 712988 – Fax. (44) (01825)713386
e-mail: prosveta@pavilion.co.uk

HAÏTI

PROSVETA DÉPÔT HAÏTI – Angle rue Faustin 1er et rue Bois Patate #25 bis
6110 Port-au-Prince
Tél. (509) 245 06 43 – Portable : (509) 464 80 88
e-mail: rbaaudant@yahoo.com

ISRAËL

Zohar, P.B. 1046, Netanya 42110 – e-mail: prosveta.il@hotmail.com

ITALIE

PROSVETA Coop. a r.l. – Casella Postale 55 – 06068 Tavernelle (PG)
Tél. (39) 075-835 84 98 – Fax (39) 075-835 97 12 – e-mail: prosveta@tin.it

LIBAN

PROSVETA LIBAN – P.O. Box 90-995
Jdeidet-el-Metn, Beirut – Tél. (03) 448560 – e-mail: prosveta_lb@terra.net.lb

NORVÈGE

PROSVETA NORDEN – Postboks 318, N-1502 Moss
Tél. (47) 69 26 51 40 – Fax. (47) 69 26 51 08 – e-mail: info@prosveta.no

PAYS-BAS

STICHTING PROSVETA NEDERLAND
Zeestraat 50 – 2042 LC Zandvoort
Tél. (31) 33 25 345 75 – Fax. (31) 33 25 803 20
e-mail: prosveta@worldonline.nl

PORTUGAL

EDIÇÕES PROSVETA
Rua Palmira 66 r/c - C – 1170 - 287 Lisboa
Tél. / Fax (351) 213 540 764 – e-mail: prosvetapt@hotmail.com

RÉPUBLIQUE TCHÈQUE
PROSVETA – Ant. Sovy 18 – Ceské Budejovice 370 05
Tél. / Fax. (420) 38-53 10 227 – e-mail: prosveta@iol.cz
ROUMANIE
ANTAR – Str. N. Constantinescu 10
Bloc 16A - sc A - Apt. 9 – Sector 1 – 71253 Bucarest
Tél. 004021-231 28 78 – Tél. / Fax. 004021-231 37 19
e-mail : prosveta_ro@yahoo.com
RUSSIE
EDITIONS PROSVETA
143 964 Moskovskaya oblast, g. Reutov – 4, post/box 4
Tél./ Fax. (095) 525 18 17 – Tél. (095) 795 70 74 – e-mail: prosveta@online.ru
SERBIE
ÉDITIONS GLOSARIJUM ***(pour la langue serbe)***
Rige od Fere 12 – Beograd
Tél./Fax 011/2182-163 – e-mail: glosarijum@glosarijum.com
SUISSE
PROSVETA Société Coopérative
Ch. de la Céramone 2 – CH - 1808 Les Monts-de-Corsier
Tél. (41) 21 921 92 18 – Fax. (41) 21 922 92 04
e-mail: prosveta@bluewin.ch
VENEZUELA
PROSVETA VENEZUELA C. A. – Calle Madrid
Edificio La Trinidad – Las Mercedes – Caracas D.F.
Tél. (58) 414 134 75 34 – e-mail: prosvetavenezuela@gmail.com

Liste mise à jour le 11.12.07. Si vous ne pouvez joindre un de ces distributeurs, consultez le site internet www.prosveta.com

L'association Fraternité Blanche Universelle
a pour but l'étude et l'application de l'Enseignement
du Maître Omraam Mikhaël Aïvanhov édité et diffusé
par les Éditions Prosveta.
Pour tout renseignement sur l'Association et ses activités,
s'adresser au Secrétariat
de la Fraternité Blanche Universelle
2 rue du Belvédère de la Ronce
F - 92310 SÈVRES, FRANCE
Tel. (33) 01 45 34 08 85 – Fax (33) 01 46 23 09 26
E-mail: fbu@fbu.org – Site internet - www.fbu.org

Achevé d'imprimer en juin 2008
par l'Imprimerie Darantiere
21800 Quetigny – France

Dépôt légal : juin 2008
N° d'impression : 28-0799

Omraam Mikhaël Aïvanhov

PENSÉES QUOTIDIENNES

2009

P R O S V E T A

« Chaque matin, avant d'entreprendre quoi que ce soit, recueillez-vous un moment afin d'introduire en vous la paix et l'harmonie, et de vous lier au Créateur en Lui consacrant, par la prière et la méditation, cette journée qui commence.

L'essentiel, c'est le commencement. C'est là, au commencement, que les forces nouvelles se déclenchent et s'orientent. Pour agir correctement, il faut toujours commencer par chercher la lumière. Quand il fait nuit, vous ne vous précipitez pas dans l'obscurité pour aller prendre un objet ou commencer un travail, mais vous allumez d'abord une lampe pour y voir, et ensuite vous agissez. Eh bien, pour n'importe quel cas dans la vie, vous avez tout d'abord besoin d'allumer la lumière, c'est-à-dire de vous concentrer, de vous recueillir, afin de savoir comment agir. Si vous n'avez pas cette lumière, vous irez à gauche, à droite, vous frapperez à plusieurs portes, et vous ne ferez rien de bon.

Toute la journée est inscrite dans la direction que vous donnez dès le matin à vos pensées. Car suivant que vous êtes attentif et vigilant ou non, vous déblayez le chemin ou, au contraire, vous l'encombrez de toutes sortes de choses inutiles ou même nocives. Le disciple de la Science initiatique sait comment il doit commencer la journée s'il veut qu'elle soit fructueuse, remplie de la grâce de Dieu, afin de pouvoir répandre cette grâce autour de lui sur toutes les créatures. Il sait qu'il doit avoir, dès le matin, une pensée fondamentale autour de laquelle graviteront, durant la journée, toutes ses autres pensées.

Si vous avez pour chaque jour un but précis, une orientation précise, un idéal à atteindre, toutes vos activités vont peu à peu s'ordonner, s'organiser et contribuer à la réalisation de cet idéal. Et même lorsque des pensées et des sentiments étrangers, négatifs, tenteront d'entrer en vous, ils seront détournés et mis au service du monde divin, ils seront obligés eux aussi d'aller dans la direction que vous avez vous-même choisi de prendre. Et c'est ainsi que, grâce à la pensée fondamentale que vous aurez placée dès le matin dans votre tête, dans votre cœur, vous pourrez inscrire cette journée dans le grand Livre de la Vie.

Et puisque tout s'inscrit, une fois que vous aurez vécu une journée splendide, une journée de vie éternelle, non seulement elle sera enregistrée, non seulement elle ne mourra pas, mais elle tâchera d'entraîner toutes les autres journées à sa suite pour qu'elles lui ressemblent. Essayez au moins de bien vivre une seule journée car c'est elle qui influencera les autres : elle va les inviter pour leur parler et les convaincre d'être comme elle, équilibrées, ordonnées, harmonieuses. »

Omraam Mikhaël Aïvanhov

L'importance du commencement... Comment vous faites un premier geste ou un premier pas, dans quel état d'esprit, dans quelle intention, c'est de ce commencement que dépendent les résultats que vous obtiendrez tout au long de votre vie, les succès ou, au contraire, les échecs.

Vous êtes surpris : comment un petit détail peut-il déterminer tout un enchaînement de circonstances ? Mais observez-vous. Si vous vous mettez en marche dans un état d'agitation, vous déclenchez des forces chaotiques, et si dans cet état vous vous rendez à votre travail, ou si vous faites une visite à quelqu'un, plus vous vous rapprochez du but, plus vous êtes agité : vous allez alors faire des gestes maladroits, prononcer des paroles imprudentes, et que de dégâts ensuite à réparer ! Au contraire, si vous avez d'abord médité, prié pour être calme, serein, plein d'amour, et que vous fassiez le premier pas dans cet état d'esprit, plus vous avancez, plus vous sentez que vous trouvez la bonne attitude, les paroles convenables à prononcer. Tout est dans le commencement : le commencement d'un travail, le commencement d'une relation, le commencement d'une année.

Un objet que l'on approche du feu se réchauffe, se dilate et un liquide va jusqu'à se vaporiser. De même, en s'exposant aux rayons du soleil spirituel, l'homme se réchauffe, et cette chaleur, cet amour se communique à toutes ses cellules ; il ressent alors une véritable dilatation, comme si la matière de son être devenait plus légère, plus subtile, plus spirituelle. Peu à peu, il commence à vibrer en harmonie avec l'Esprit.

Et quand l'Esprit voit un être qui vibre à l'unisson avec lui, qui chante avec lui, il se sent attiré. Voilà pourquoi on l'a présenté comme un fiancé, comme un époux qui va vers sa bien-aimée. C'est une image que l'on retrouve souvent dans les différentes religions. L'idéal de l'âme humaine (que ce soit l'âme d'un homme ou celle d'une femme) est de devenir la fiancée de l'Esprit, c'est-à-dire de se mettre dans un état intérieur de réceptivité envers le principe divin.

Pour entrer véritablement en communication avec le monde divin, efforcez-vous de gravir les sommets de votre être intérieur. Lorsque vous sentez que vous avez enfin atteint une région au-delà de la poussière et des nuages, maintenez-vous là, aussi longtemps que vous pouvez. Mais comme il est tout de même difficile de prolonger cet état de concentration un long moment, relâchez la tension et laissez-vous porter par la lumière comme si vous flottiez sur une mer calme. Vous ne pensez plus, vous ne sentez presque plus, mais votre âme qui est là, vivante, vibrante, s'imprègne des éléments les plus subtils.

Répétez cet exercice le plus souvent possible. Vous constaterez que lorsque vous devrez reprendre vos occupations de tous les jours, les éléments spirituels que vous aurez captés introduiront l'harmonie en vous. Votre désir de travailler, d'aider les autres, de les aimer augmentera, et c'est là une sensation qui ne trompe pas.

4 Janvier

Vous souhaitez recevoir la visite de vos amis… Vous les invitez à manger et vous leur préparez un bon repas. Vous voulez attirer des oiseaux à votre fenêtre ? Vous placez sur le rebord un bol de graines. Le meilleur moyen d'attirer les créatures est de leur présenter la nourriture qui leur convient. C'est vrai dans le plan physique et c'est vrai aussi dans les plans psychique et spirituel.

Intérieurement nous ne cessons de produire des fruits (nos pensées, nos sentiments) dont d'autres créatures se nourrissent, des créatures humaines, mais aussi des créatures du monde invisible. Selon les fruits que nous produisons, nous attirons des êtres lumineux ou des êtres ténébreux, car chacun cherche la nourriture qui lui convient. C'est donc à nous de savoir qui nous voulons attirer. Pour être soutenus, réconfortés, éclairés par des êtres angéliques, nous devons être capables de leur présenter la seule nourriture qu'ils apprécient : des pensées, des sentiments, des actes inspirés par l'amour de Dieu et des êtres humains.

Dès l'instant où vous aimez quelqu'un, instinctivement vous cherchez à vous rapprocher de lui, et c'est naturel, il n'y a rien à redire à cela. Pourtant, si vous arriviez à analyser ce qui se passe à ce moment-là dans le domaine des émanations subtiles, vous comprendriez que ce rapprochement n'est peut-être pas tellement favorable à votre amour. Pourquoi ? Parce que l'espace qui sépare deux êtres, cet espace que l'on croit vide est en réalité rempli d'essences très subtiles qui sont les meilleures conductrices des énergies psychiques ; c'est grâce à cet espace que les échanges peuvent se réaliser dans l'harmonie et la lumière.

Tant qu'une certaine distance existe entre vous et l'être que vous aimez, vous avez la possibilité d'échanger des énergies et, grâce à elles, de vous renforcer l'un et l'autre. Après chaque rencontre vous vous quittez comblés, envahis d'un bonheur extraordinaire, parce que vous avez su observer cette distance qui vous donne les meilleures conditions pour continuer à communiquer entre vous.

Vous avez tous vécu quelques moments de joie, de bonheur... Alors, recherchez ces moments. Même s'il n'y en a eu que trois ou quatre dans votre existence, ou seulement un, revenez-y souvent, rappelez-vous le lieu, les circonstances, les personnes, concentrez-vous pour retrouver les mêmes pensées, les mêmes sentiments, les mêmes sensations. Peu à peu, vous aurez l'impression de vivre à nouveau ces états avec la même intensité que s'ils vous étaient donnés, là, maintenant, réellement.

L'essentiel n'est jamais dans ce qui vous vient de l'extérieur, mais dans ce que vous ressentez intérieurement. Recherchez donc tous les moments où vous avez compris, senti la beauté, le sens de la vie. Que tous ces moments soient à votre disposition pour le jour où vous en aurez besoin. Vous avez là encore une méthode de travail. Et faites même en sorte que parmi ces souvenirs vous puissiez avoir le choix, parce que, suivant les circonstances, de la même façon qu'une musique est plus appropriée qu'une autre, tel souvenir vous aidera et vous apportera plus de choses qu'un autre.

L'atmosphère, l'ambiance dans laquelle ils se trouvent, contribue beaucoup à faire sortir le bon ou le mauvais côté des êtres. C'est pourquoi vous devez vous plonger le plus souvent possible dans une ambiance de paix, d'harmonie, de lumière. Bien sûr, ces effets ne durent souvent pas au-delà du temps pendant lequel vous y êtes plongé ; mais, quelques instants au moins, votre nature inférieure est réduite au silence, tandis que votre nature supérieure s'épanouit. Et à force de répéter cette expérience, c'est la nature supérieure qui finira un jour par prendre une place prépondérante.

Pour certains, l'assoupissement de leur nature inférieure est considéré comme un signe de faiblesse, ils se sentent beaucoup mieux en donnant issue à leurs instincts de domination, d'agressivité... en laissant sortir leurs fauves, quoi ! Mais voilà que ces fauves font des dégâts partout et qu'ils dévorent leurs enfants, c'est-à-dire leurs bonnes pensées, leurs bons sentiments qui ne sont pas encore forts et solides. Il faut donc enfermer un peu les fauves, et c'est ce que cherchent à faire les disciples d'une École initiatique grâce à l'ambiance harmonieuse qu'ils s'efforcent de créer.

Vous regardez un visage, un objet, un paysage... Êtes-vous conscient de ce qui se passe alors en vous?... Rien n'est plus vaste, plus profond, plus significatif que l'acte de regarder. Il paraît simple, sans mystère, mais étudiez-le, déchiffrez-le, et vous découvrirez que c'est un acte de la plus haute magie.

Quand vous regardez un objet, sachez qu'il représente un danger ou un bonheur qui vous guette. Oui, cela dépend de la nature de l'objet, de sa forme, de ses radiations, et aussi de votre état intérieur: car tout votre être tend à prendre la forme, les dimensions et les qualités de cet objet. Oui, intérieurement, dans le plan psychique, que ce soit conscient ou non, vous vous identifiez à ce que vous regardez. C'est une loi naturelle, biologique. Et de cette loi bien comprise et appliquée consciemment dépend votre possibilité d'évoluer, de vous perfectionner. Habituez-vous donc à regarder tout ce qui est beau, harmonieux, lumineux, parfait.

Dans un enseignement spirituel, on vous demande de vous dépasser, de vous surpasser. Ce n'est là évidemment qu'une façon de parler, car vous ne pouvez pas vous éloigner de vous-même, tout est au-dedans de vous. C'est votre conscience qui doit s'élever pour atteindre des degrés supérieurs. Quand vous éprouvez la sensation d'avoir été projeté dans le Ciel, jusqu'aux étoiles, d'être entré en contact avec la lumière divine, en réalité c'est en vous-même que vous êtes allé plus loin, plus haut – on peut dire aussi : plus profond. Ce que vous avez atteint, c'est votre Moi supérieur ; et c'est dans ce Moi supérieur que vous trouvez toutes les possibilités de créer en vous des formes nouvelles, plus pures, plus harmonieuses.

Pour exprimer les réalités du monde spirituel, on a besoin d'utiliser un langage concret, celui du monde physique, comme s'il s'agissait d'un espace avec des distances, des volumes. En réalité tout se passe en nous, dans notre Moi supérieur, notre Moi divin.

Les connaissances qui vous sont données dans un Enseignement initiatique sont tellement éloignées de votre champ de conscience habituel qu'elles ne pénètrent pas tout de suite votre cerveau. Mais puisque vous les avez entendues, puisque vous les avez lues, il en reste quelque chose dans votre subconscient, et un jour, quand vos capacités de compréhension se seront développées, ces connaissances vous reviendront en mémoire.

Pour accéder plus rapidement à cette compréhension, vous devez entraîner votre cerveau, qui est le meilleur des instruments. Il ne s'affaiblit pas avec l'âge en même temps que les autres organes, car les hiérarchies divines y ont déposé leurs pouvoirs… Il ne s'affaiblit pas, mais à condition de le nourrir par l'activité de la pensée. La pensée est une sorte d'échelle que nous avons reçue de l'Intelligence cosmique et il est essentiel d'apprendre à nous en servir pour nous élever.

L'Abeille

soirée

Parler, écrire, consiste à mettre des mots ensemble en les ajustant, en les organisant ; ce sont donc là des actes de création. Chacun peut ainsi créer chez les êtres la joie, la confiance, l'amour, la lumière, ou bien le chagrin, l'obscurité, la maladie, le désespoir, et dans ce second cas, même s'il s'exprime dans le meilleur style, il fabrique des monstres.

La véritable évolution, c'est d'apprendre à se servir de la parole, orale ou écrite, en vue de résultats divins, c'est-à-dire de mettre en œuvre les éléments du Verbe pour créer uniquement ce qui est juste, bon et beau. Celui qui travaille consciemment dans cette direction, participe à l'œuvre de Dieu, et le jour vient où il est embauché comme ouvrier de Dieu. Car la Création n'est pas encore achevée, le Créateur continue à travailler et Il a besoin d'ouvriers qui Lui apportent – symboliquement – des pierres, du sable, des matériaux. « Nous ne servons qu'à ça ! » direz-vous. Oui, et ne soyez pas vexés, ce n'est certainement pas nous que le Créateur peut choisir pour jouer le rôle le plus important, mais à quelque niveau que ce soit, il est glorieux de participer à ce travail divin.

12 Janvier

Comment expliquer l'éternité ? Cette notion a évidemment un rapport avec le temps, et pourtant l'éternité n'est pas une suite de siècles ou même de millénaires. On la définit comme une durée sans commencement ni fin… Mais on ne peut avoir une idée de ce qu'elle est réellement que si on apprend à la ressentir comme une qualité de la matière.

Oui, l'éternité est une fusion de la matière et de l'esprit. Lorsque nous faisons, nous, l'expérience de l'éternité, il s'agit bien d'une sensation que nous éprouvons. S'il peut nous arriver d'avoir pendant quelques secondes la sensation de l'éternité, c'est parce que nous sommes entrés dans une autre dimension de la matière : nous avons été projetés dans un monde où la matière est animée par les plus hautes vibrations de l'esprit.

Des difficultés, des inconvénients arrivent de tous côtés, mais il y a pourtant dans l'existence plus de bonnes choses que de mauvaises. C'est pourquoi manifester toujours son mécontentement, c'est avouer que l'on est incapable d'avoir une vision juste de la réalité. Il faut au moins faire l'effort de voir les deux côtés de la vie. Celui qui ne voit que le bien et se montre toujours satisfait, optimiste, n'est pas dans le vrai. Mais passer son temps à être furieux parce que tel ou tel a dit ou fait quelque chose qui ne vous plaît pas, parce que vous avez dû payer un objet plus cher que prévu, ou même parce que le repas est trop cuit, trop salé ou pas assez, et réagir devant de si petits inconvénients comme si c'étaient des catastrophes, cela finit par vous rendre stupide et ridicule.

Apprenez donc à mettre en balance toutes vos petites contrariétés avec toutes les richesses que vous apporte la vie. Quand vous vous apercevrez que, pour si peu, vous êtes en train d'oublier combien il y a de choses belles et bonnes dans le monde et que vous troublez la vie de votre famille et de votre entourage, vous aurez honte…

Dans une véritable école initiatique on ne vous conseille pas de négliger les travaux et les obligations nécessaires à la vie de tous les jours, car vous ne devez pas être un fardeau pour votre entourage. Mais on vous montre la nécessité de consacrer du temps à nourrir votre âme et votre esprit, afin de devenir des fils et des filles de Dieu travaillant dans le champ de leur Père céleste.

Vous êtes descendus sur la terre pour accomplir de grands travaux, et il reste encore tellement à faire ! Beaucoup, qui ont oublié pourquoi ils sont venus, ne pensent qu'à occuper une place confortable dans la société. Comme ils sont impeccables, irréprochables vis-à-vis des valeurs conventionnelles, ils croient remplir parfaitement leur tâche. Non, pour remplir sa tâche, il ne suffit pas de réussir dans la vie. Il faut chaque jour consacrer du temps à développer son âme et son esprit, afin que leur lumière finisse par imprégner la matière du plan physique, et qu'un jour la prière de Jésus : *« Que ta volonté soit faite sur la terre comme au Ciel »* puisse se réaliser.

Vous voulez être les disciples d'un enseignement initiatique... Ne vous imaginez pas que vous allez devenir de grands alchimistes, de grands mages, de grands kabbalistes. Pensez plutôt comment apprendre à accomplir le mieux possible chaque acte de la vie quotidienne de façon à n'introduire en vous que les éléments les plus purs. Quand l'homme purifie son organisme physique et ses corps psychiques – les corps astral et mental* – l'esprit peut commencer à se manifester à travers son cerveau, et il devient plus fort, plus actif, plus lucide. C'est cela d'abord, le but d'un enseignement initiatique.

Tâchez donc, dès maintenant, de travailler à introduire la pureté dans vos actes, vos sentiments, vos pensées, pour faire de tout votre être un instrument de l'esprit. À ce moment-là, même pendant le sommeil, vous continuerez à vous instruire, à travailler et à aider les humains. C'est ce que fait un Initié la nuit : son corps physique est là allongé, immobile, endormi, mais son esprit ne dort pas, il reste actif, il voyage pour aider et éclairer les créatures.

* Voir note et schéma, p. 372 et 373.

De même que les humains ont tendance à confondre bonheur et plaisir, ils confondent aussi joie et plaisir. Qu'est-ce que le plaisir ? Une sensation agréable. Or, il y a des activités qui ne procurent aucun plaisir, mais qui, comme le dévouement, le sacrifice, sont des sources de joie pure. Quand vous avez éprouvé de telles joies, consciemment, volontairement ou non, vous en faites bénéficier les autres, alors que vos plaisirs égoïstes ne leur apportent rien de bon, et même, à la longue, vous découvrez que pour vous non plus ils n'ont pas été bénéfiques.

Croyez-moi, un jour vous découvrirez que la joie se trouve exactement à l'opposé de ce que vous imaginiez, c'est-à-dire dans le sacrifice, dans le renoncement à toutes sortes de possessions, dans la limitation de ce que vous pensiez être votre liberté.

Avec l'intellect et le cœur, nous avons des instruments utiles, indispensables, mais ils sont insuffisants pour nous guider sur tous les chemins de la vie que nous avons à parcourir. Pour parcourir ces chemins, nous avons besoin de développer une troisième faculté : l'intuition. L'intuition s'apparente à l'intellect dans la mesure où elle est une forme d'intelligence, et elle s'apparente au cœur dans la mesure où elle est une forme de sensation, mais c'est une intelligence et une sensation qui se situent sur des plans supérieurs.

Vous direz : « Mais cette faculté dont vous nous parlez, c'est la clairvoyance ! » Non, on fait actuellement grand cas de la clairvoyance, on fait beaucoup de bruit autour d'elle. C'est une faculté bien réelle, mais qui permet seulement de voir le côté objectif (formes, couleurs, mouvements) du plan astral et du plan mental*. Vous pouvez être clairvoyant et ne rien comprendre à ce que vous voyez, car vous ne savez pas l'interpréter. Cela ne vous avance donc à rien, et c'est même dangereux. Tandis qu'avec l'intuition, vous ne voyez peut-être rien, mais vous comprenez les choses beaucoup mieux que si vous les voyiez, car vous les vivez, vous les sentez.

* Voir note et schéma, p. 372 et 373.

Un homme et une femme se rencontrent : pendant quelque temps chacun est attentif afin de plaire à l'autre. Mais du jour où ils vivent ensemble, ils ne se croient plus tellement obligés de faire des efforts. Vous direz que la vie quotidienne est tellement prenante, on a tellement de soucis, d'obligations, de choses à penser ! C'est d'accord, mais alors il y a au moins une solution : un peu plus de distance. Oui, même lorsqu'ils vivent ensemble, les hommes et les femmes auraient avantage à observer une certaine distance pour éviter de tomber dans cette familiarité prosaïque qui caractérise la vie quotidienne quand on n'est pas vigilant. C'est par manque de vigilance, souvent, que l'on perd l'amour.

Il est bon que dans un couple chacun garde pour l'autre quelque chose de secret, de mystérieux, afin d'entretenir l'intérêt, la curiosité pour quelque chose de nouveau, d'inconnu. C'est cet inconnu qui protège, qui nourrit l'attraction qu'ils ressentent l'un pour l'autre.

Il est dit dans les Livres sacrés que l'âme humaine a le pouvoir de remuer les cieux. Oui, l'âme peut remuer les cieux, mais seulement par son désir d'obtenir la lumière. Si elle insiste, exige, supplie, le Seigneur Lui-même, qui est lumière, ne peut pas la lui refuser.

L'âme humaine est aussi puissante que Dieu quand elle souhaite la lumière. Mais seulement la lumière, rien d'autre. Toutes ses autres prières peuvent être plus ou moins entendues, mais si c'est la lumière qu'elle demande, elle sera exaucée. Quand ? Cela dépend de la puissance de son désir et de son acharnement au travail.

Observez-vous avec lucidité et objectivité pour savoir quelles sont vos facultés les plus développées, et celles dont vous manquez le plus et que vous devez acquérir. Une fois que vous y serez parvenu, voici un conseil : mettez-vous à l'œuvre avec vos facultés les mieux développées, et efforcez-vous de remédier de temps à autre seulement aux manques et aux lacunes. Ne vous obligez pas à travailler avec vos facultés les plus faibles, sous prétexte de les exercer. Il est préférable de chercher en soi le facteur le plus fort et d'agir avec lui, et ensuite, de temps en temps seulement, tâcher de remédier aux insuffisances.

Si vous vous lancez dans des tâches pour lesquelles vous n'êtes visiblement pas fait, si vous abandonnez vos richesses pour vous occuper de vos misères, vous n'irez pas très loin et vous vous découragerez. Au contraire, travaillez avec vos talents, vos dons, vos facultés, parce que la richesse attire la richesse, et quand vous aurez gagné beaucoup, occupez-vous de ce qui vous manque.

Si je vous mets en garde contre la recherche du savoir et des pouvoirs occultes, ce n'est pas pour vous empêcher de devenir clairvoyants, guérisseurs, astrologues, alchimistes, mages, kabbalistes et tout ce que vous voulez... Au contraire, je veux vous rendre capables d'aller aussi loin que possible dans le savoir et les pouvoirs. Mais je sais que pour avancer véritablement sur le chemin de l'évolution, ce n'est pas par là que vous devez commencer.

Les humains sont instinctivement attirés par certaines choses dont on ne peut nier qu'elles sont intéressantes, importantes, mais elles ne sont pas l'essentiel. L'essentiel, c'est d'apprendre à vivre, oui, je veux dire comment se comporter dans l'existence quotidienne. Ensuite, ils pourront se permettre de développer telle ou telle faculté et devenir guérisseurs, clairvoyants, kabbalistes, alchimistes, etc., mais pas avant. Tant que la question de la vie n'est pas réglée, quoi qu'ils fassent, ils sont exposés à tous les dangers. Je sais que cette façon de voir n'est ni agréable ni appétissante pour vous, mais si vous la prenez au sérieux et l'appliquez, vous constaterez bientôt les résultats.

Même les appareils les plus sophistiqués ne peuvent pas nous donner une idée de ce qu'est l'être humain. Il sera toujours quelque chose de plus que ce que l'on peut voir de lui. C'est pourquoi il ne se connaît pas encore, et la médecine ne le connaît pas non plus. Oui, la médecine travaille sur des êtres qu'elle ne connaît pas. Combien de médecins ont tendance à considérer encore l'être humain comme une machine ! Ils ignorent qu'il est habité par des forces, des entités, des intelligences capables de produire dans son organisme des éléments qu'il ne possédait pas auparavant. Ils ignorent qu'au-delà de son corps physique, il possède des corps subtils : les corps éthérique, astral, mental, causal, bouddhique, atmique… Ils ne savent pas ce que sont sa pensée et sa volonté, et à plus forte raison son âme et son esprit. Alors, comment peut-on imaginer qu'ils sauront trouver les bonnes méthodes pour le soigner ?

Pour guérir les malades, il ne suffit pas de s'occuper de leur corps physique, il faut toucher plus haut dans les plans subtils les éléments et les entités dont dépend le bon fonctionnement du corps physique.

Nous recevons chaque jour des messages du monde divin. Mais si le matin, en vous réveillant, vous vous sentez mal disposé, si, malgré le programme de la journée qui vous attend, tout vous semble brouillé, c'est que vous n'avez pas reçu le courrier qui vous était destiné. Pourquoi ?… Demandez-vous si vous ne vous êtes pas rendu dans des lieux un peu louches où la poste céleste ne peut pas aller vous chercher.

Les postiers célestes font bien leur travail, mais ce qu'ils sont chargés de vous apporter, ils le présentent seulement dans des lieux lumineux et purs. Si, par paresse, par négligence, vous allez vous égarer dans les couches inférieures de la conscience où vos organes spirituels se sont engourdis, vous ne recevez rien. Efforcez-vous alors de remonter vers la lumière pour prendre le courrier qui s'est accumulé pendant votre absence. Car sachez-le, rien ne se perd. Les présents, les messages qui vous sont destinés, vous attendent, c'est à vous d'aller les chercher là où ils ont été déposés.

Se demander à quelle époque telle ou telle partie de l'Ancien ou du Nouveau Testament a été écrite, si elle a eu un ou plusieurs auteurs, en examiner le vocabulaire et le comparer avec celui des langues voisines, etc., c'est certainement intéressant. Mais cette démarche qui consiste à analyser, fouiller, disséquer, ne laisse souvent derrière elle que poussière et cendre. La compréhension des Livres sacrés, quels qu'ils soient, la Bible, les Védas, le Zend-Avesta, le Coran… exige une autre forme de discipline. Car c'est grâce à une discipline de vie que les patriarches, les prophètes, qui étaient des Initiés, ont pu s'élever jusqu'au monde divin. Cette discipline de vie, nous devons nous aussi l'adopter pour monter, à leur suite, jusqu'à ce lieu où ils ont eu des révélations. Il n'y a pas d'autres méthodes.

Alors, si vous voulez lire la Bible, commencez par vous demander ce que vous devez améliorer dans votre existence. Et ne vous inquiétez pas de ne pas tout comprendre immédiatement. La seconde règle est de vous mettre en état de réceptivité, afin de donner aux images, aux sensations suscitées par la lecture, la possibilité d'accomplir un travail dans votre subconscient. Ainsi, plus vous relirez la Bible, ou les autres Livres sacrés, et plus vous sentirez une clarté se faire en vous.

Tous ceux qui s'intéressent à la science spirituelle en espérant qu'elle leur donnera les secrets pour résoudre rapidement tous leurs problèmes d'argent, de santé ou de vie sentimentale, doivent abandonner leurs illusions. La spiritualité ne fait pas ce genre de miracles, elle n'arrange pas vos affaires, mais elle vous donne toutes les possibilités de vous transformer. Si vous savez comment travailler, des années et des années, avec patience et persévérance pour ordonner, purifier, éclairer, sanctifier votre monde intérieur, un jour vous deviendrez une créature nouvelle. Non seulement les humains, mais la création entière sentiront qu'il émane de vous une paix, une harmonie, une lumière, un amour qu'on ne rencontre que rarement. Voilà les seuls miracles que vous devez attendre de la spiritualité.

Croyez-moi, ce qui compte réellement, c'est la vie purifiée, illuminée d'un être conscient de la raison de son existence sur la terre. Un jour, ce travail sur lui-même fera de tout son être un reflet du monde divin.

Un geste, un acte n'est en soi ni pur ni impur ; ce qui est pur ou impur, c'est l'intention, le sentiment, le désir qui pousse les êtres à faire ce geste ou cet acte. La pureté, c'est, quoi qu'on fasse, arriver à s'élever intérieurement afin de capter des éléments d'une plus grande subtilité, d'une plus grande lumière et apporter ainsi quelque chose de bon aux autres. Vous aimez un homme ou une femme... Si dans vos relations avec lui ou avec elle vous n'avez pas cette préoccupation, même en vous contentant de quelques caresses, de quelques baisers sous prétexte de rester pur, vous êtes dans l'impureté, et les effets seront les mêmes que si vous vous étiez livré à la débauche.

Que ce soit bien clair pour vous : tout contact, tout échange qui n'a pas un but spirituel, divin, mais qui cherche seulement la satisfaction égoïste, produit les mêmes impuretés. Mais si vous avez le désir sincère d'aider, d'illuminer, de sanctifier l'être que vous aimez, ce désir vous purifie et le purifie.

Une fois que vous avez décidé de marcher sur le chemin de la lumière, quoi qu'il arrive gardez toujours cette orientation. Pour tout le reste vous pouvez changer, mais n'abandonnez jamais votre orientation divine, votre haut idéal. Et surtout comprenez bien cela : stabilité ne signifie pas immobilité.

Être stable, c'est être fidèle à ses engagements et poursuivre le chemin malgré tout. Et ça c'est difficile, plus difficile que d'être gentil, serviable, aimable, généreux, courageux. Quand vous êtes dans de bonnes dispositions, vous vous promettez de toujours marcher sur le chemin de la lumière, même si c'est difficile. Mais quelques jours après, vous vous trouvez dans un autre état d'esprit où vous n'avez plus le souvenir d'avoir pris ces résolutions. Où croyez-vous aller ainsi ? Pour avoir accès aux Mystères, il faut pouvoir dire comme l'Initié de l'ancienne Égypte : « Je suis stable, fils de stable, conçu et engendré dans le territoire de la stabilité ».

28 *Janvier*

Évidemment, les idées, ça ne manque pas, il en circule de toutes sortes de par le monde. Mais quelles sont ces idées ? Comment s'enrichir, comment satisfaire ses ambitions, comment dominer les autres, comment s'amuser... Et les humains galopent derrière ces idées sans se demander où elles vont finalement les mener. Ils ne savent pas qu'une idée est une puissance magique qui détermine, oriente et organise toutes les particules de notre être. Tout notre être physique et psychique tend à se conformer aux idées que nous portons en nous. Une idée se présente toujours comme un centre, comme un sommet, et de là elle domine, elle donne des ordres.

Alors, attention, avant d'adopter une idée, étudiez-la bien, car c'est une entité vivante que vous vous préparez à introduire en vous, et une fois qu'elle s'est installée, vous êtes obligé de vous diriger d'après elle pour la satisfaire. Si vous ne voulez pas être conduit dans des impasses, tâchez de n'accepter que des idées nobles, lumineuses.

Jamais vous ne progresserez si vous ne vous arrêtez pas de temps à autre pour réviser votre vie, en revenant sur vos actes, sur vos paroles, afin de prendre conscience de vos maladresses et de vos erreurs. Bien sûr, vous serez amené à faire des constatations qui ne vous réjouiront pas, vous serez triste et même peut-être honteux, mais c'est très bien, c'est ainsi que vous allez vous améliorer.

Cependant pour que ce mécontentement ne devienne pas une obsession destructrice, il faut rétablir l'équilibre. Comment ? En étant content des autres. Cette attitude intérieure vous empêchera de tomber dans un état négatif qui pourrait vous amener au découragement, ou même au désespoir. Cherchez le beau et le bien chez tous les êtres et particulièrement chez ceux qui, par leur génie, par leurs vertus ont contribué à l'évolution de l'humanité. Prenez-les pour modèles, ainsi en même temps que vous constaterez vos faiblesses, vos lacunes, vous vous projetterez dans l'avenir. Vous vous verrez en possession de ces qualités que vous appréciez tellement chez les autres, et jamais vous ne perdrez courage.

Il suffit d'un souffle pour éteindre une flamme. Mais si vous alimentez cette flamme, le même souffle qui menaçait de l'éteindre la renforcera au point que rien ne pourra plus lui résister. La flamme est un symbole de l'esprit. Si vous ne donnez pas d'aliment à votre esprit, si vous le négligez parce que vous avez mieux à faire, soi-disant, sa flamme deviendra si fragile que n'importe quelle petite difficulté va l'éteindre. Et c'est ce qui arrive à tellement de gens ! Ils se traînent, ils mangent, ils boivent, ils bricolent, mais leur esprit est éteint. D'autres, au contraire, par la prière, la méditation, la contemplation, nourrissent la flamme de leur esprit, qui devient tellement puissante que les ouragans de la vie ne font que l'amplifier. Oui, les mêmes difficultés, les mêmes obstacles qui terrassent les uns renforcent les autres.

Vous ne devez pas compter sur la puissance de l'esprit en vous disant que dans les difficultés il viendra vous aider. L'esprit n'est puissant et il ne viendra vous aider que si vous le nourrissez.

Chaque être humain reçoit en naissant la mission de devenir un conducteur des entités célestes, afin qu'à travers lui le monde divin déverse ses richesses sur la terre. Les grands Maîtres spirituels sont justement des êtres qui sont parvenus à remplir cette mission. C'est pourquoi tous ceux qui ont besoin de s'abreuver aux sources de la vraie lumière, du véritable amour, ne se lasseront jamais de les étudier, de les admirer et de les suivre.

Si c'était seulement des hommes avec leurs lacunes, leurs faiblesses qui vous parlaient et vous instruisaient, vous n'apprendriez pas grand-chose et vous en auriez vite assez, car ce qui est humain reste humain, donc limité et corruptible. Seul ce qui est semé dans l'incorruptible donne des fruits incorruptibles, et ce qui est incorruptible en nous, c'est notre nature divine. C'est à cette nature divine que les grands Maîtres sont parvenus à s'identifier, et c'est elle qu'ils cherchent à éveiller dans tous les êtres.

Notre vie n'est qu'une succession d'échanges que nous faisons avec l'univers. La vie cosmique entre en nous et nous l'imprégnons de nos propres émanations, puis nous la renvoyons. À nouveau nous absorbons cette vie, et à nouveau nous la renvoyons. Ce sont ces échanges ininterrompus qu'on appelle nutrition, qu'on appelle respiration, qu'on appelle aussi amour. Et l'instant où ces échanges s'interrompent, on l'appelle mort.

Nous devons donc faire des échanges avec la terre pour vivre dans le plan physique, des échanges avec l'eau pour vivre dans le plan astral, le cœur ; des échanges avec l'air pour vivre dans le plan mental, l'intellect.* Enfin, nous devons faire des échanges avec la chaleur et la lumière pour vivre dans l'âme et dans l'esprit. Tout le monde sait que le corps physique a besoin de nourriture pour subsister, mais le cœur, l'intellect, l'âme et l'esprit ont aussi besoin de se nourrir. C'est l'ignorance de cette vérité qui fait perdre aux humains le sens de la vie.

* Voir note et schéma, p. 372 et 373.

Seule une partie de nous est touchée par la souffrance ; une autre partie demeure inaccessible : notre esprit. Car notre esprit est libre, il observe et peut remédier. Il nous dit : « Tu souffres ? Eh bien, réjouis-toi, car si tu es intelligent, grâce à cette souffrance tu gagneras encore quelque chose en lucidité, en compréhension, et tu te renforceras. »

Celui qui est malheureux a tendance à s'identifier avec ce malheur, il se laisse envahir par lui. Et c'est justement ce qu'il ne faut pas. Il faut au contraire être immédiatement en alerte et se dire : « Maintenant il y a un travail à faire. Tu souffres, bien sûr, mais ce n'est qu'une partie de toi qui souffre. Fais appel à cette autre entité qui vit dans l'immensité, dans l'éternité, et qui est aussi toi : de cette boue dans laquelle tu es en train de patauger, tu verras surgir des fleurs et des arbres chargés de fruits succulents. »

Le but d'un Maître spirituel n'est pas d'attirer le monde entier à lui, mais de former des ouvriers pour travailler à l'avènement du Royaume de Dieu. S'il ne sent pas que, par son enseignement, il arrive à former de vrais ouvriers, des serviteurs de Dieu, il aura l'impression d'avoir perdu son temps, d'avoir travaillé pour rien. Pouvez-vous comprendre cela ?

Essayez quelquefois de penser : « Notre Maître est là pour nous aider, pour nous éclairer, pour nous instruire, pour nous lier au Ciel, mais nous, est-ce que nous n'avons pas à faire quelque chose pour lui ? Est-ce qu'il n'a pas, lui aussi, un souhait, un désir ? » Vous trouverez que, lui aussi, désire quelque chose. Mais ce qu'il désire, il ne le désire pas pour lui, voilà la différence : il désire des ouvriers qui propagent la lumière, des serviteurs de Dieu pour travailler au bien du monde entier.

Vous aimez quelqu'un : à votre insu vous projetez sur lui vos pensées, vos désirs, vous essayez de pénétrer dans son cœur, dans sa tête… Ainsi vous agissez sur lui et, d'après la qualité de votre amour, d'après sa puissance, vous faites en lui des ravages ou bien vous installez le paradis dans son âme. Voilà pourquoi on peut dire que l'amour est le père de la magie.

Évidemment, certains seront scandalisés par cette affirmation, mais qu'ils s'analysent. Qu'ils observent un peu comment ils agissent quand ils sont amoureux : ils verront que, inconsciemment déjà, ils font de la magie. Ils sont sans cesse en train de se concentrer sur cet être qu'ils aiment pour capter son attention et l'attirer à eux : ils choisissent les conditions, les situations qui leur permettront de le séduire ou même de le prendre au piège… N'est-ce pas de la magie ? Alors, comment ne pas reconnaître que c'est l'amour qui a appris la magie aux humains ?

Malgré ce que vous faites pour les comprendre, les soutenir, les aider, il peut arriver que certaines personnes se comportent très mal envers vous. Devant de telles injustices vous souffrez au point d'en perdre le sommeil et de tomber malade. Eh bien, dites-vous que ce n'est pas intelligent... Au lieu de vous tourmenter inutilement, pourquoi ne faites-vous pas l'effort de comprendre la raison des épreuves qui vous sont envoyées ? Supposez que dans une autre incarnation vous ayez été cruel envers ces créatures : pour vous montrer combien vous les avez fait souffrir, ce sont elles maintenant qui se conduisent de la même façon avec vous, et vous ne comprenez pas que c'est vous le fautif.

Même si en apparence vous êtes victime d'injustices, tâchez d'enlever cette idée de votre tête et de votre cœur. Parce qu'en réalité, cette injustice qui est là, visible, tangible, est une justice invisible. Pour une raison ou une autre, ce qui vous arrive a un sens : ou bien vous devez payer une dette, ou bien vous devez apprendre une vérité que vous ne connaissez pas encore, ou bien le Ciel veut vous obliger à vous renforcer pour devenir un jour invulnérable.

Chaque événement de la vie a une explication, mais cela n'est possible à comprendre que si vous acceptez l'idée de réincarnation. Naître dans tel pays, dans telle famille, posséder telles qualités, devoir affronter telles situations n'est pas le fait du hasard. Tout a une cause plus ou moins lointaine dans cette existence ou dans une existence antérieure. Une fois cela bien compris, vous ressentez différemment les événements qui se présentent ; du moment que tout a une raison d'être, vous ne vous révoltez pas contre les épreuves et les échecs ; vous savez que ces épreuves et ces échecs sont les conséquences de transgressions commises dans le passé, et vous les supportez sans vous plaindre des autres ni les accuser de vos malheurs.

Enfin, accepter l'idée de réincarnation vous pousse à renforcer votre volonté : non seulement vous vous mettez au travail pour réparer les erreurs commises, mais vous évitez d'en commettre de nouvelles pour lesquelles vous savez que vous aurez à souffrir, et c'est ainsi que vous vous construisez un avenir lumineux.

La formule chimique H_2O indique qu'une molécule d'eau est constituée de deux atomes d'hydrogène et d'un atome d'oxygène. La tradition associe l'hydrogène au principe féminin dont l'eau est un symbole, et l'oxygène au principe masculin symbolisé par le feu. Donc, l'eau, principe féminin, est elle-même le résultat de l'union des deux principes masculin et féminin, avec prédominance du principe féminin. Ne peut-on pas alors penser que le feu doit être lui-même une combinaison des deux principes masculin et féminin où le principe masculin prédomine ?

L'eau est un principe passif et le feu un principe actif. Mais ce principe passif qu'est l'eau est lui-même constitué de deux principes actif et passif. On retrouve ainsi dans l'eau la formule originelle de la création : les deux principes masculin et féminin qui ont créé le monde. C'est pourquoi on peut dire que l'eau nous révèle les secrets de la vie.

Quel est le seul vrai Dieu ?… Laquelle, parmi toutes les religions, est supérieure aux autres ?… Ne vous posez pas ce genre de questions. Et n'attendez pas non plus que l'on vous présente de l'extérieur tel ou tel Dieu à adorer. Dieu, c'est en vous-même que vous devez Le chercher et Le trouver. Tant que vous chercherez Dieu en dehors de vous, il y aura toujours entre Lui et vous une distance, une séparation.

Et ce qui est plus grave encore, c'est qu'en cherchant Dieu à l'extérieur de vous, vous vous séparez de votre vrai Moi. C'est pourquoi vous n'arrivez pas à vous retrouver, vous passez par toutes sortes d'états contradictoires : un moment vous êtes dans la paix, le sens de la vie vous apparaît clairement, et puis tout à coup vous êtes angoissé, troublé, tout s'obscurcit. Oui, tant que l'être humain ne cherche pas la Divinité en lui-même, tant qu'il ne travaille pas à s'identifier à Elle, il tâtonne, il se sent tiraillé, vacillant.

La méditation est d'abord un exercice de concentration : l'énergie mentale doit être concentrée sur un point déterminé, un but à atteindre. Ce but peut être individuel, mais il peut aussi être collectif. L'idéal, c'est qu'il soit les deux à la fois. Si vous vous oubliez complètement pour ne penser qu'aux autres, comment les aider, les soutenir, les consoler, vous allez vous épuiser et vous n'aurez bientôt plus de forces pour continuer votre travail. Et si vous vous occupez exclusivement de vous-même, vous risquez d'entrer en contradiction avec la collectivité : vous oublierez que vous n'êtes qu'une petite partie d'un tout avec lequel vous devez faire des échanges raisonnables et harmonieux pour maintenir l'équilibre, et vous rencontrerez des obstacles, vous recevrez des chocs…

Dans la vie spirituelle, comme dans la vie sociale, la vraie sagesse nous conseille de réunir les deux : travailler pour soi, pour son propre développement, et en même temps travailler pour les autres, en leur envoyant par la pensée cet amour, cette lumière et cette paix que vous avez réussi à attirer à vous.

Comme la plupart des événements et des situations présentent un aspect positif et un aspect négatif, le danger est d'accorder toute son attention au côté négatif. Évidemment, il ne faut pas se leurrer et ne voir que ce qu'il y a de bon ; mais il ne faut pas non plus s'appesantir sur le mal, car alors on ne voit même plus le bien.

Vous pensez : « Oh, mais nous savons déjà tout ça. » Alors, mettez-le en pratique, si vous le savez ! Observez-vous et vous découvrirez combien de fois vous oubliez ce savoir pour vous abandonner au mécontentement et au pessimisme. Et alors, non seulement vous ne raisonnez plus juste, mais vous empêchez votre âme de s'épanouir et de prendre son envol. C'est ainsi que l'on se détruit spirituellement, et même physiquement. Oui, pourquoi dans la langue courante dit-on de quelqu'un qui est toujours inquiet et insatisfait qu'il « se mange » ou « se ronge les foies » ?

Comment les humains pourraient-ils se montrer psychologues et se comprendre les uns les autres alors qu'ils restent tellement centrés sur eux-mêmes ? Ils sont là comme aveuglés par le voile de leurs préoccupations égoïstes, personnelles ; ce sont elles qui les empêchent de percevoir ce qui se passe dans la tête ou le cœur de leur entourage et même de leurs amis et de leur famille. Ils disent qu'ils les aiment… Oui, mais à cause de ce voile ils ne parviennent pas à les voir vraiment ; aussi sont-ils parfois étonnés des transformations qu'ils constatent soudain chez leur femme ou leur mari, leurs enfants, leurs amis. Il faut que les êtres les quittent ou commettent un acte désespéré pour qu'ils comprennent enfin. Jusque-là ils n'avaient rien senti, rien vu.

Seul celui qui a maîtrisé sa nature inférieure et qui est devenu capable d'oublier ses seuls intérêts peut vraiment connaître et comprendre les autres.

« À quoi pensez-vous ? » Posez cette question à différentes personnes et la majorité vous répondront qu'elles ne savent pas. Voilà, elles ne savent pas, elles ne font jamais attention à ce qui va et vient en elles. Du matin au soir elles sont traversées par toutes sortes de pensées et de sentiments, mais cela se fait comme malgré elles, en dehors d'elles. Comment, dans ces conditions, peuvent-elles dominer les forces psychiques qui circulent dans le monde, les orienter, les utiliser ? C'est absolument impossible.

Si vous laissez n'importe quels courants entrer en vous sans aucun contrôle, ils finiront par vous terrasser. Pour devenir leur maître, vous devez tout d'abord prendre la situation en main, c'est-à-dire être conscient des pensées et des sentiments qui vous traversent. Voilà la plus grande qualité d'un disciple : il est toujours conscient, il sait à n'importe quel moment la nature des courants qui pénètrent en lui. Et dès qu'il sent une pensée ou un sentiment négatif, aussitôt il l'arrête et s'efforce de le remplacer ou de le transformer.

Évitez de critiquer les autres, surtout si vous n'êtes pas sûr des faits que vous rapportez, car les paroles ne restent jamais sans conséquences. Si vous calomniez quelqu'un, vous éveillez le mal soit en lui, soit en vous, soit en celui qui vous écoute. Il peut arriver que vous soyez obligé de parler négativement d'une personne qui a mal agi, mais alors n'oubliez pas, par mesure pédagogique, de finir votre conversation en mentionnant une de ses qualités (elle doit bien en avoir au moins une !)

Souligner les défauts de quelqu'un n'a jamais servi à le corriger. Et quand vous vous contentez de critiquer les gens sans indiquer qu'ils ont tout de même certaines qualités, vous ajoutez le mal au mal, ce qui n'est pas une attitude constructive. Si vous voulez agir comme un être conscient, lorsque vous aurez été obligé de prononcer des paroles négatives, tâchez de terminer sur quelque chose de positif – ne serait-ce qu'en mentionnant une seconde personne qui possède les qualités dont la première est privée. Oui, l'essentiel est de toujours terminer par quelque chose de positif.

L'espace entier est rempli, pénétré de lumière. Si vous ne la voyez pas, si vous ne la sentez pas, c'est que vos organes spirituels ne sont pas encore assez développés pour vous permettre de saisir une réalité aussi subtile. Mais le jour où vous apprendrez à vous concentrer sur cette lumière cosmique, vous arriverez à tellement affiner vos perceptions que non seulement vous commencerez à la sentir, mais vous l'attirerez à vous afin qu'elle vous imprègne et travaille sur vous.

Faites de la lumière le principal sujet de vos méditations, concentrez-vous sur elle : peu à peu elle viendra même remplacer toutes les particules usées, maladives de votre corps par des particules nouvelles, plus pures. Puis, une fois que vous serez devenu capable d'attirer la lumière en vous, vous devrez encore vous exercer à la projeter dans le monde entier pour aider tous les humains.

Prétendre qu'il suffit de recevoir une hostie de la main d'un prêtre pour s'incorporer le Christ est une invention magnifique, mais, sans vouloir offenser les chrétiens, ce n'est qu'une invention. Comment peuvent-ils croire que le Christ, la première émanation divine, se laisse emprisonner dans une hostie par des prêtres plus ou moins dignes ? Pour qui le prend-on ?… Et on appelle cela le « mystère » de l'Eucharistie. Non, il n'y a là aucun mystère, mais seulement des réalités spirituelles qui obéissent à des lois : c'est vrai que dans un objet matériel on peut faire entrer des fluides, des influences… mais pas Dieu ! D'ailleurs, Jésus n'a pas dit : « Celui qui *me* mange et qui *me* boit » mais *« Celui qui mange ma chair et qui boit mon sang a la vie éternelle ».* Ce n'est donc pas le Christ que l'on mange ou que l'on boit ; c'est quelque chose qui lui appartient, mais qui n'est pas réellement lui.

La chair et le sang du Christ sont des éléments cosmiques qu'on peut prendre par la nutrition, par la respiration, par la méditation, et on peut même les condenser dans des objets. Mais le Christ lui-même est un esprit cosmique, personne n'a de prise sur lui.

Prier, ce n'est pas seulement s'adresser à une vague entité pour lui demander la santé, le succès ou un beau mariage. Prier, c'est rétablir un lien avec l'Être suprême, le Créateur du ciel et de la terre. Cet Être qui est l'éternité, qui est l'infini, si vous apprenez à entrer en relation avec Lui, vous attirerez des éléments des mondes supérieurs, et là, ce n'est pas quelques conditions de votre vie physique, matérielle, qui vont être changées, mais votre être profond.

La vraie prière est un contact avec les régions sublimes. Un seul élément de ces régions que vous parvenez à capturer, et tout est soudain différent : vous sentez cet élément vibrer en vous, il vous purifie, il vous éclaire, il rétablit l'harmonie dans tout votre être. Et cet état bénéfique agit sur tous ceux qui vous entourent : ils sont influencés parce qu'ils reçoivent de vous quelque chose de cet élément précieux.

Réussir matériellement, goûter à tous les plaisirs possibles, satisfaire leurs ambitions, voilà ce qui est l'essentiel pour la majorité des humains. Ils ne se rendent pas compte qu'avec de telles aspirations ils s'enfoncent dans l'obscurité, les limitations, et quand ils se découvrent un jour ligotés, désemparés, malades, ils sont étonnés. Ils ne savaient pas, ou ils ne voulaient pas savoir que, pour se sentir libre, heureux, dans la paix, on a un triage à faire parmi ses pensées, ses sentiments et ses désirs, pour ne choisir que les meilleurs, les plus désintéressés.

Chaque jour vous mangez et pour rendre la nourriture comestible, vous enlevez, selon les aliments, une peau, des pépins, un noyau, des arêtes, etc. Ce triage, vous devez apprendre à le faire aussi pour cette autre nourriture que sont les pensées, les sentiments, les désirs, afin d'en éliminer tous les éléments d'égoïsme, d'agressivité, d'injustice. Voilà ce qui est essentiel : non pas réaliser à tout prix ses désirs, mais chercher quels sont ceux qui valent la peine d'être réalisés.

À la différence des réalisations du plan physique qui sont bien visibles et tangibles, ce que vous réalisez dans le domaine spirituel, personne ne le voit, pas même vous. Alors, devant cette absence de preuves de votre travail, il se peut que vous soyez assailli de doutes et que vous ayez envie d'abandonner les pratiques spirituelles pour vous consacrer uniquement à une activité dont tout le monde peut constater les résultats. Faites comme vous voulez, mais un jour, même au milieu des plus grands succès, vous sentirez intérieurement qu'il vous manque quelque chose. Et c'est normal, car vous n'avez pas encore touché l'essentiel, vous n'avez encore rien planté dans le domaine de la lumière, de la sagesse, de l'amour, de l'éternité.

Seules vos réalisations intérieures peuvent vous combler, parce qu'elles seules ont des racines en vous. Et lorsque vous quitterez la terre, vous aurez dans votre âme, dans votre cœur, dans votre esprit des pierres précieuses à emporter : ces qualités et ces vertus que vous aurez travaillé à développer. Et votre nom sera inscrit dans le livre de la vie éternelle.

D.S.

Bien qu'elles soient considérées comme des chefs-d'œuvre, certaines créations artistiques maintiennent les humains dans les régions crépusculaires du plan astral ; elles ne les aident donc pas à y voir clair, elles ne les rendent pas meilleurs et elles les empêchent même d'évoluer. Bien sûr, on ne peut pas nier que ces régions astrales soient pleines de séduction, mais ceux qui s'y attardent en deviennent les prisonniers. Dans « L'Odyssée », Homère raconte comment Ulysse, naviguant au large de l'île des Sirènes, avait fait boucher avec de la cire les oreilles de ses compagnons pour qu'ils ne se laissent pas séduire par ces femmes à la voix mélodieuse qui les auraient détournés de leur chemin pour les dévorer. Les Sirènes sont un des nombreux symboles des entités du plan astral, certainement très séduisantes, mais auxquelles les humains doivent s'efforcer par tous les moyens d'échapper.

Comme Ulysse, un véritable instructeur qui connaît les réalités du monde psychique, tâche de mettre ses disciples en garde contre les pièges du plan astral, et il les entraîne plus loin, plus haut, pour qu'ils découvrent les seules réalités qui valent la peine d'être découvertes : les splendeurs du monde divin.

Apprenez à donner, car lorsque vous donnez, vous recevez. C'est une loi de la physique : dans l'univers le vide n'est pas accepté. C'est d'ailleurs une formule bien connue : « la nature a horreur du vide », et dès qu'il y a un vide quelque part, immédiatement quelque chose vient le combler. Vous videz une bouteille de l'eau qu'elle contient, tout de suite l'air y pénètre, et si vous arrivez à en retirer l'air, une matière plus subtile vient occuper cet espace. C'est toujours un élément plus subtil qui vient remplacer celui qu'on a ôté.

Cette loi physique s'applique aussi dans les plans psychique et spirituel. Donc, si vous videz vos réservoirs intérieurs en donnant votre amour et vos bons souhaits à toutes les créatures, un élément plus subtil arrive tout de suite du monde divin pour vous remplir.

Il n'y a rien à redire aux études, aux observations que les scientifiques font de la nature. Mais là où ils se trompent souvent, c'est dans les conclusions qu'ils tirent de ces observations. À partir d'un point particulier, ils se prononcent trop souvent sur l'ensemble des manifestations de la vie. Or, justement, si leurs conclusions sont justes pour quelques cas, elles ne le sont pas nécessairement pour tous.

Combien, par exemple, prétendent encore qu'il n'y a pas de vie sur les autres planètes ou dans d'autres régions de l'espace, sous prétexte qu'il n'y a pas d'eau ou certains autres éléments qui rendent possible la vie sur la terre ! Comme si on connaissait toutes les possibilités de la nature pour créer la vie ! La nature est plus intelligente que tous les savants, chimistes, biologistes ou astrophysiciens. Et surtout, elle a beaucoup plus d'imagination qu'eux : elle a créé la vie dans des endroits et des conditions où ils n'imaginent pas qu'elle soit possible. D'ailleurs, qui peut dire ce qu'est réellement la vie ? On connaît la matière, les éléments qui la constituent, mais ce qu'est la vie restera encore pour longtemps un mystère.

Quand on veut mettre une demeure et ses occupants à l'abri des intrusions, on l'entoure d'une clôture. La clôture est une limite, une barrière, et donc une protection. C'est ce rôle protecteur que joue la peau pour le corps physique ; et dans le plan spirituel cette protection est assurée par l'aura.

L'aura, c'est elle la vraie clôture qui nous met à l'abri des indésirables, nous devons la tenir bien fermée et l'élever le plus haut possible. Comment ? Par le travail du cœur et de l'intellect. Le cœur maintient fermement la clôture, il bouche les trous, les fissures, pour que nous puissions résister aux agressions. Car l'amour travaille d'une façon spéciale, en renforçant les cellules et en les rendant capables d'affronter la maladie et le malheur. Quant à l'intellect, éclairé par la sagesse, il élève une barrière, et les esprits ténébreux qui rampent dans les régions inférieures ne peuvent pas la franchir.

Pendant l'été, qui est la période où le soleil donne le plus de lumière et de chaleur, on met peu de vêtements. Par contre, l'hiver, où le soleil est plus rare, il fait plus sombre, plus froid et on doit s'habiller davantage.

Ces phénomènes de la nature présentent des correspondances avec la vie psychique. Plus on s'éloigne du soleil divin, de la source de chaleur et de lumière, c'est-à-dire l'amour et la sagesse, plus on a froid, et on est alors obligé de se couvrir de toutes sortes d'oripeaux pour compenser ou masquer sa misère. Au contraire, quand par une vie pure et lumineuse on commence à se rapprocher de la Source divine, on abandonne toutes les épaisseurs inutiles. L'été et l'hiver : il faut interpréter ces saisons de la vie psychique pour apprendre comment les vivre.

Le fonctionnement du psychisme humain peut être comparé à celui d'un poste de radio. Vous tournez le bouton de votre transistor, et vous pouvez choisir d'écouter de la musique, une pièce de théâtre, des informations, mais quelquefois, avant de trouver la bonne fréquence, vous devez subir toute une cacophonie. Eh bien, il en est de même avec votre monde intérieur : là aussi, vous avez la possibilité de choisir l'émission que vous voulez entendre, mais il arrive parfois que, par négligence ou par mauvaise volonté, vous fassiez une mauvaise manœuvre, et alors quel brouhaha, quel vacarme ! Dépêchez-vous de rectifier. Par la pensée, par l'imagination, vous pouvez capter des longueurs d'onde qui vous feront entendre les voix du Ciel : la paix, l'harmonie.

Qu'est-ce que prier ? C'est trouver en soi-même la longueur d'onde qui nous mettra en liaison avec les entités célestes, avec le Seigneur, et ces entités nous feront entrer dans le mouvement ordonné, harmonieux de leur existence. Prier, c'est déclencher en nous une vibration divine.

Les humains ont toutes sortes de défauts, c'est vrai, ils sont souvent bornés, méchants, jaloux, ingrats, etc. Cette constatation est parfaitement exacte, mais pourquoi s'arrêter sur leurs défauts comme s'il n'y avait que cela ?

Il faut ouvrir les yeux, bien sûr, pour ne pas se laisser abuser, et c'est très important, mais comprenez que ce n'est là que la moitié de votre tâche. Si dans vos relations avec les êtres, vous adoptez continuellement à leur égard une attitude soupçonneuse et critique, non seulement ils ne manifesteront plus envers vous leurs bonnes qualités, qu'ils ont aussi, il ne faut jamais l'oublier, mais encore ils chercheront à se venger. Tandis que si vous montrez que vous avez vu leurs qualités, que vous comptez sur eux, vous avez quelque chance de les amener à manifester ces qualités, et certains du moins feront en sorte de ne pas vous décevoir.

L'intellect n'est pas l'intelligence, il faut apprendre à faire la différence entre les deux. L'intellect est un instrument donné à l'homme pour se tirer d'affaire dans le plan matériel, pour résoudre les problèmes de la vie courante, pour étudier la nature et tirer quelques conclusions de cette étude. Tandis que l'intelligence, au sens initiatique du terme, est une faculté bien supérieure : située au-dessus des plans astral et mental,* elle a la capacité de maîtriser les sentiments, les pensées et toutes les manifestations de la vie psychique.

C'est cette intelligence-là que les Initiés considèrent comme la véritable intelligence ; elle est liée au monde de la superconscience qui est le monde divin. Tous les êtres qui ont appris à travailler en maîtrisant leurs pensées et leurs sentiments, en se liant aux régions supérieures pour faire des échanges avec elles, ont été capables de réalisations sublimes. C'est eux qui ont permis à l'humanité de progresser véritablement.

* Voir note et schéma, p. 372 et 373.

27 *Février*

LAW OF CIRCLE

Il est dit qu'avant de créer le monde Dieu commença par en tracer les limites. Et les limites, tout ce qui existe ne fait que confirmer combien elles sont nécessaires. La cellule est entourée d'une membrane, le cerveau est enfermé dans la boîte crânienne, etc. Et quelle est la fonction de la peau ? Elle sert de limite. Observez les choses autour de vous, partout vous trouverez un reflet de ce cercle, mentionné dans le livre des *Proverbes,* que Dieu a tracé comme limite de sa création. Si on n'enferme pas un parfum dans un flacon, il s'évapore. On veut construire une maison ; on doit d'abord en déterminer les limites : sans murs, où serait la maison ?

Il en est de même dans le plan spirituel. Là aussi des limites sont nécessaires. Avant de convoquer les esprits lumineux pour un travail, le mage s'entoure d'un cercle ; il fixe les frontières du territoire à l'intérieur duquel il va agir. Quant au disciple, il doit apprendre comment tracer chaque jour autour de lui, ne serait-ce que par la pensée, un cercle de lumière. Privé de ce cercle, ses énergies spirituelles s'éparpillent et il n'est plus à l'abri.

Avec la nourriture que nous prenons chaque jour, nous édifions notre corps physique, ce corps qui doit devenir le temple de l'esprit. Si la matière que nous absorbons et qui sert à cette construction n'est pas pure, elle s'oppose à la venue de l'esprit en nous.

Celui qui mange de la viande, par exemple, doit savoir que toutes les cellules animales qu'il absorbe entrent dans la construction de son corps, et lorsqu'il veut accomplir des actes de noblesse, de générosité, elles refusent d'y participer. Avec la viande, les pulsions instinctives, qui appartenaient au règne animal (la peur, l'avidité, la cruauté, etc.), entrent en l'homme, et lorsqu'il veut développer son être supérieur, il rencontre des difficultés parce que les cellules animales ne se conforment pas à son idéal : elles ont une volonté propre dirigée contre la sienne et elles s'opposent à l'édification en lui du temple de l'esprit.

Dieu a donné la vie à toutes les créatures, mais c'est à elles de faire des efforts pour devenir chaque jour plus vivantes. Devenir plus vivant signifie donner sa lumière et sa chaleur. Il est tellement agréable de rencontrer des êtres chez lesquels on sent que tout est animé, éclairé !

On aime un arbre parce qu'il a des fruits, on aime une source parce que l'eau coule, on aime les fleurs parce qu'elles ont des couleurs et des parfums. De la même façon, on aime les créatures qui s'ouvrent pour donner quelque chose de pur, de lumineux, de chaleureux. Alors, apprenez à cultiver en vous-même cette vie jaillissante. Habituez-vous à sourire, à regarder avec amour, à arracher de votre cœur quelques particules pour les envoyer aux autres. C'est vous qui vous sentirez plus riche, plus heureux.

Toutes les religions ont préconisé le jeûne comme exercice de purification. Mais le jeûne ne doit pas être compris seulement dans le plan physique. Si les impuretés sont installées dans le corps physique sous forme de troubles physiques, un jeûne physique pourra les chasser. Mais les impuretés peuvent aussi s'installer dans le corps astral et dans le corps mental* sous forme de sentiments et de désirs grossiers, de pensées et de jugements erronés. Or, ces pensées, ces sentiments, ces désirs sont des entités ténébreuses qui obligent les humains à absorber certaines nourritures dont elles ont besoin. Eh oui, les pensées, les sentiments, les désirs sont des entités vivantes.

Pour se débarrasser de ces entités, l'homme ne doit plus rien leur donner à manger, c'est-à-dire qu'il doit s'efforcer non seulement de ne plus avoir de pensées et de sentiments inférieurs, mais de les remplacer par des pensées et des sentiments purs et lumineux. S'il les prive de leur nourriture, il fera jeûner ces entités qui, se sentant menacées de mourir de faim, le quitteront. Voilà comment il faut aussi comprendre le jeûne, en le transposant dans les différents plans.

* Voir note et schéma, p. 372 et 373.

Vous vous sentez vulnérable, tout ce qui se produit de mauvais autour de vous vous atteint, vous ébranle : les événements, le comportement des êtres à votre égard, etc. Pour ne pas être ébranlé par le mal, il faut lui échapper en vous élevant jusque dans des régions où il ne peut plus avoir de prise sur vous. Vous direz : « Mais ces régions existent-elles ? » Oui, elles existent. Elles existent en vous-même, comme elles existent dans l'univers ; et si vous ne vous en êtes pas encore rendu compte, c'est que vous n'avez pas tellement l'habitude de vous observer.

N'avez-vous jamais été surpris de constater que des événements qui dans certaines circonstances vous avaient attristé, découragé, s'ils se reproduisent dans des circonstances différentes, ne vous touchent plus ? Pourquoi ?… Est-ce que vous avez perdu toute sensibilité ? Non, mais à ce moment-là, pour certaines raisons, vous vous trouvez projeté à un niveau de conscience où ils ne vous atteignent plus. C'est donc bien la preuve qu'il y a des régions en l'homme où le mal n'a plus de prise.

À quelque niveau de l'évolution qu'il se trouve, chaque être humain doit chercher à faire des efforts pour aller plus loin. S'il arrive qu'il se heurte à des barrières infranchissables, au moins connaîtra-t-il ses limites actuelles ; mais cela ne doit pas l'empêcher de souhaiter les dépasser un jour. En revanche, s'il ne rencontre pas d'obstacle, il saura qu'il peut continuer sa route.

Beaucoup n'avancent pas parce qu'ils s'imaginent que la voie est fermée. Mais peut-être est-elle libre… Comment le sauront-ils s'ils n'essaient pas d'avancer ? Chacun doit faire des expériences afin de connaître ce dont il est capable. Et même s'il découvre qu'il ne peut pas aller très loin, il doit garder pour but de son travail sur la terre cet idéal que Jésus a présenté pour tous les fils et les filles de Dieu : *« Soyez parfaits comme votre Père céleste est parfait »*.

Tout ce que vous demandez, vous l'obtiendrez un jour. Oui, que ce soit bon ou mauvais, vous l'obtiendrez, car conformément aux lois établies par l'Intelligence cosmique, toute demande doit être exaucée. Ce sont des lois physiques, chimiques : loi des correspondances, loi de l'affinité, loi de l'écho.

Et puisqu'on finit toujours par attirer ce que l'on souhaite, attention : si vous demandez des fardeaux et si vous finissez par être écrasé sous leur poids, cela ne vous servira à rien d'accuser ensuite les humains ou le Seigneur. C'est à vous de connaître les conséquences lointaines de vos demandes. Il est normal de souhaiter, de désirer, mais réfléchissez bien aussi à la façon dont les choses peuvent tourner : vous comprendrez que, certains désirs une fois réalisés, vous allez être déçu, malheureux ou malade et qu'il serait sage de les abandonner. Le véritable disciple de la Science initiatique doit commencer par apprendre qu'il y a des choses à désirer et d'autres au contraire à repousser de toutes ses forces.

L'esprit de l'homme est un principe éternel, une étincelle sortie de Dieu Lui-même et il n'a pas besoin d'être instruit ou éclairé. Ce qui lui manque, ce sont de bonnes conditions, un bon instrument pour se manifester. On voit des cas où certains êtres, des artistes surtout, des penseurs, des mystiques entrent dans des états tellement extraordinaires d'inspiration qu'ils parviennent à toucher des réalités sublimes ; mais quand ils reviennent de ces états, c'est à peine s'ils comprennent ce qui leur est arrivé, et parfois même ils ne se souviennent plus de rien.

Si l'être humain se décidait à améliorer sa façon de vivre, il perfectionnerait ses capacités de perception et de réception, il affinerait la matière de ses organes et de ses centres psychiques. Son esprit aurait alors de plus grandes possibilités de se manifester, et il réaliserait des merveilles dans le plan physique.

Ce que l'on a appelé la « libération sexuelle » et à laquelle la jeune génération a tellement applaudi aurait pu être en effet un grand progrès. Or, ce que l'on voit à l'heure actuelle n'est pas un progrès, mais une dégringolade. Cette tendance qu'ont de plus en plus les garçons et les filles à coucher ensemble parce qu'ils ne trouvent pas mieux à faire pour passer le temps et éprouver du plaisir, est très préjudiciable pour leur vie psychique. Ils se rencontrent à peine, ils ne se connaissent pas, ils ne s'aiment pas et ils font l'amour… par désœuvrement, comme si ce n'était rien de plus important que de jouer aux cartes ! Et puis, comme après une partie de cartes, ils se séparent pour recommencer le lendemain avec d'autres. C'est très grave, cela. Ce n'est pas grave parce qu'ils désobéissent à des règles inventées par quelques moralistes, mais c'est pour eux que c'est grave, c'est à eux-mêmes qu'ils font du mal, pas à la morale, ni aux moralistes.

L'acte sexuel en soi n'a rien de répréhensible, même s'il n'a pas pour but la procréation. Mais il faut connaître toutes les entités et les forces qui sont engagées dans cet acte, afin de lui donner une signification et une orientation spirituelles, sinon on ne fait que se détruire.

8 Mars

L'inquiétude du lendemain, le sentiment d'être défavorisé, la méfiance à l'égard des autres, etc., débarrassez-vous de ces habitudes mentales tellement préjudiciables à votre épanouissement intérieur, car elles grignotent toutes vos énergies. Ouvrez-vous à tout ce qui est vaste, généreux, lumineux, exposez-vous aux rayons bienfaisants du soleil spirituel. Quand vous aurez appris à vous laisser pénétrer de leur lumière, de leur chaleur, vous sentirez que vous devenez un formidable foyer d'énergies. Pour le moment, vous vous occupez seulement de vous mettre à l'abri, et c'est ainsi que vous placez toujours des écrans entre vous et le soleil. Mais non, n'ayez pas peur !

On ne vous demande pas d'abandonner tout ce qui jusqu'à maintenant vous aidait à vous protéger pour vous retrouver démuni et dans le vide, non, mais de remplacer peu à peu toutes sortes de vieilles choses par de nouvelles, meilleures : remplacer une activité par une autre plus bénéfique, une pensée par une autre plus élevée, un amour par un autre plus vaste…

Seuls entreront dans le Royaume de Dieu ceux qui travaillent avec ces forces formidables que sont l'amour, la patience, la persévérance, l'humilité. L'Intelligence cosmique est irréductible, jamais elle ne cédera devant des têtes dures qui ne veulent pas apprendre les grandes lois de la vie et travailler en accord avec elles en donnant des preuves de leur foi, de leur stabilité, de leur amour du bien.

Parce que depuis quelques mois ils ont enfin décidé de faire des efforts pour s'améliorer, beaucoup s'imaginent que le Ciel doit s'ouvrir pour eux et les anges venir les prendre dans leurs bras ! Non, pour cela il faut travailler très longtemps. Le Ciel est très lent à donner de grandes récompenses, mais quand il le fait, c'est pour l'éternité. Une fois que nous avons réussi à pénétrer dans le Paradis, personne ne peut plus nous en chasser. Mais avant qu'on nous ouvre la porte, que d'efforts à faire !

Pourquoi le disciple ne progresse-t-il pas ? Parce qu'il se donne le droit d'avoir une quantité d'activités qui n'ont aucun rapport avec son avancement spirituel, tout en s'imaginant que ces activités ne l'éloigneront pas des sommets qu'il veut atteindre. Eh non, la réalité est que s'il se laisse aller à expérimenter ceci, à goûter cela, sans se préoccuper de la qualité de ces expériences, au moment où il veut s'élever intérieurement, il ne peut plus se dégager, il est ligoté.

Évidemment, celui qui n'a aucun idéal, aucun désir de devenir un être magnifique pour lui-même et pour les autres, peut faire tout ce qu'il veut, pourquoi devrait-il se priver ? Mais celui qui nourrit un grand idéal d'élévation spirituelle est obligé d'être très prudent, très vigilant, et de faire un tri afin de ne choisir que des activités qui ne contredisent pas cet idéal.

La rencontre d'un mage, d'un Initié qui leur révélera des secrets sensationnels grâce auxquels ils seront transformés instantanément, voilà l'idée que beaucoup de personnes se font de la vie spirituelle. C'est dommage, mais de pareils secrets n'existent pas. La transformation des êtres n'est possible que par un travail individuel quotidien et assidu.

Si quelqu'un vous dit : « Prenez cette formule magique, ce talisman, et vous aurez la santé (si vous êtes malade), la sérénité (si vous êtes angoissé), la force (si vous êtes faible) », eh bien sachez que ce sont là les mensonges d'une créature qui a intérêt à vous tromper. Au contraire, un véritable Initié vous dira : « Mes enfants, tout est possible, mais seulement si vous faites des efforts ; et à ce moment-là ce que vous aurez obtenu sera tellement stable que personne ne pourra vous l'enlever. » D'ailleurs, vous devez savoir que tout ce que l'on obtient par des procédés magiques – et il est vrai qu'il en existe d'une certaine efficacité – ne peut jamais être définitif : peu de temps après, on perd tout ce que l'on croyait posséder. On conserve uniquement ce que l'on a obtenu du dedans par des efforts personnels ; c'est une loi absolue.

Pourquoi, dès qu'ils entendent parler de pureté, beaucoup de gens ferment-ils leurs oreilles ? Pour se justifier ils donnent comme argument que pureté signifie étroitesse, limitation, fanatisme et même exclusion… qu'au nom de la pureté on a persécuté, massacré, brûlé. Tout cela est vrai, mais au nom de l'amour aussi, il a été commis des crimes épouvantables : est-ce que cela les empêche de prononcer encore le mot amour et de continuer à aimer ?… Regardez un peu : est-ce que leur raisonnement est honnête ? Sous prétexte que la notion de pureté a été souvent mal comprise, ils trouveront toutes les justifications pour continuer à barboter dans les saletés. Ils sont libres. Mais ils verront un jour les effets de cette manière erronée de penser.

Maintenant, bien sûr, il faut avoir une idée claire de ce qu'est la pureté et comment on se purifie. Se purifier, c'est d'abord être capable de discerner la nature des mouvements de sa vie intérieure, analyser ses pensées, ses sentiments, ses désirs, ses projets. Et comme ces pensées, ces sentiments, ces désirs, ces projets sont souvent malveillants, égoïstes, il faut travailler à les rendre plus désintéressés, plus généreux, plus fraternels.

Pour de misérables questions d'argent, on voit des personnes intelligentes, instruites, sensibles, idéalistes même, en arriver à traîner des membres de leur famille devant les tribunaux. Est-ce qu'elles ne pourraient pas être un peu au-dessus de ça ? Pourquoi doit-on toujours s'accrocher à ses intérêts, à ses possessions ? Que chacun fasse un geste, mon Dieu, et il se sentira plus libre ! Tout d'abord, bien sûr, il aura du mal à faire ce geste. Mais s'il y parvient, il découvrira en lui-même de nouvelles régions, de nouvelles lumières, et il n'y aura pas plus fier et plus heureux que lui, parce qu'il aura réalisé quelque chose de très difficile : vaincre sa nature inférieure.

C'est la nature inférieure qui conseille sans arrêt à l'homme de se montrer égoïste, envieux, vindicatif. Et ensuite il se croit capable de suivre un Enseignement spirituel ! Eh bien, non. Pour celui qui veut se montrer digne de la lumière d'un Enseignement spirituel, il n'est plus admissible d'agir comme les gens ordinaires.

Chaque jour nous sommes soutenus par des entités bienveillantes du monde invisible. Si nous pouvons continuer à respirer, à manger, à marcher, à travailler, c'est que chaque jour nous recevons un soutien ; nous sommes portés, aidés et inspirés pour devenir créateurs.

De notre côté, nous aussi, nous soutenons certains êtres qui, au moment où ils reçoivent cette aide, ne savent pas d'où elle leur vient. Chaque être vivant émet des ondes, et en nourrissant en nous des pensées lumineuses, des sentiments chaleureux, en priant, en méditant, nous émettons des ondes bénéfiques grâce auxquelles nous soulageons des créatures qui sont dans la peine. Comment ne pas trouver là notre raison, notre joie de vivre ? Quel encouragement pour nous de sentir que nous sommes soutenus par des milliers d'entités évoluées et que, nous aussi, nous pouvons soutenir d'autres créatures !

Même s'ils répètent que l'argent ne fait pas le bonheur, les humains comptent trop sur les acquisitions matérielles pour être heureux : une nouvelle maison, une nouvelle voiture, un emploi mieux rémunéré, un poste de ministre ou de président… Les premiers jours, évidemment, ils se réjouissent. Mais au bout de quelque temps, ils sont obligés de constater qu'ils y trouvent moins de plaisir, il leur faut à nouveau quelque chose d'autre. Seulement voilà, les voitures, les maisons, les postes honorifiques, ça ne pleut pas du Ciel et ils se sentent donc toujours insatisfaits. Jusqu'au jour où ils comprendront que la vraie joie, le vrai bonheur se trouvent dans les acquisitions de l'âme et de l'esprit.

Mais évidemment, les acquisitions de l'âme et de l'esprit sont de nature différente. Vous vous promenez et vous vous réjouissez de la beauté de la nature, du soleil, des étoiles, des montagnes… Ils ne vous appartiennent pas, mais ils vous inspirent des sentiments, des pensées, des émotions. Et c'est cela les seules véritables richesses qui ne cesseront jamais de vous combler : les révélations qui viennent illuminer votre cœur et votre âme.

Vous avez découvert une vérité, une idée divine. Considérez qu'elle est une graine que vous pouvez mettre en terre. Une fois que vous l'avez semée dans votre terre, c'est-à-dire dans votre cœur et dans votre âme, observez sa croissance : vous sentirez comment la vie naît et se développe en vous-même et dans tout l'univers.

Pourquoi, pour beaucoup de croyants, la religion est-elle devenue une pratique vide de sens ? Parce qu'ils ne savent pas travailler avec les vérités qu'elle contient. Et pour travailler avec ces vérités, il n'y a qu'une méthode : les semer, comme on sème des graines ; oui, les semer dans sa terre intérieure, et chaque jour prendre soin d'elles, les arroser, les réchauffer, en enlevant tout autour les mauvaises herbes qui risquent de les étouffer, et aussi les débarrasser des bestioles qui s'apprêtent à les grignoter. Qu'est-ce que cela signifie ? Que si nous voulons faire croître en nous les vérités que nous avons semées dans notre sol spirituel, nous devons les alimenter, mais aussi éviter que des pensées et des sentiments inférieurs viennent s'attaquer à elles, comme le font les parasites. Moi, j'ai semé beaucoup de graines que Jésus nous a laissées dans les Évangiles, je les arrose, je les surveille, et elles poussent…

17 Mars

La matière est d'une telle richesse, d'une telle diversité qu'il est naturel que nous soyons attirés, fascinés par elle. Que de choses à désirer, à posséder ! Et c'est là que la situation se complique. Vous vous réjouissez à l'idée d'acquérir tel ou tel objet. Mais du jour où vous l'avez en votre possession, cet objet ne vous réjouit plus tellement. Il faudrait presque que vous le perdiez pour qu'il représente à nouveau quelque chose d'important.

L'être humain est ainsi fait : il souhaite, il désire, il a besoin de posséder, mais au fur et à mesure chaque acquisition perd pour lui de l'intérêt, et son désir se porte sur un autre objet, puis sur un autre encore… C'est pourquoi ceux qui ont la possibilité de s'offrir beaucoup de choses doivent être vigilants, car rien n'arrivera jamais à les combler et ils seront pris peu à peu dans un engrenage dangereux pour eux-mêmes et pour les autres qu'ils sacrifieront à leur avidité. La matière est un gouffre, et ce gouffre engloutit tous ceux qui partent à sa conquête sans avoir noué d'abord des liens très solides avec le monde spirituel.

L’obscurité que vous pouvez apercevoir sur le visage d’un être ne signifie pas nécessairement qu’il est animé de mauvais sentiments ou de mauvaises intentions. Si vous n’avez pas les connaissances suffisantes pour juger, vous pouvez vous tromper. Il se peut que ce soit quelqu’un d’autre qui projette une ombre sur ce visage, et non lui-même qui se trouve dans l’obscurité ; c’est peut-être aussi un nuage qui passe ou un objet qui fait écran.

Et s’il vous arrive de voir une lumière sur un visage, cela peut être aussi quelqu’un d’autre qui joue avec des miroirs, et ces miroirs projettent leur éclat. L’homme lui-même n’est pas toujours la cause de la lumière qu’on voit sur lui : une entité a pu venir pour un moment jouer comme ça sur son visage, et lorsqu’elle s’éloigne, la lumière disparaît, vous aurez beau la chercher, vous ne la retrouverez pas. Pour pouvoir se prononcer sur les différentes expressions des visages, il faut être capable de voir et de sentir bien au-delà des apparences.

19 Mars

Vous voulez savoir ce qu'est la véritable spiritualité ? Ouvrez le livre de la nature, c'est lui qui vous le dira le plus clairement.

Lorsqu'arrive l'hiver, la terre est moins exposée au soleil et rien ne pousse. Les rivières sont gelées. La vie marche au ralenti. Mais au printemps, quand la terre reste plus longtemps exposée à la chaleur et à la lumière solaires, tout pousse, tout devient beau, riche, abondant, partout la vie circule. Eh bien, la spiritualité peut se comparer à l'action du soleil sur la terre. Quand notre esprit commence à rayonner, à pénétrer de son amour et de sa lumière toutes les cellules de notre organisme pour les harmoniser et les faire chanter à l'unisson, alors là, oui, nous vivons réellement la vie spirituelle. La véritable spiritualité, c'est le soleil qui agit sur la terre, c'est l'esprit qui vivifie et anime notre corps jusqu'à ce que la lumière, la paix et la plénitude viennent nous habiter.

Que sont la méditation, la contemplation, la prière ? Simplement une façon de se nourrir. Grâce à elles, nous goûtons une nourriture céleste, l'ambroisie, la nourriture de l'immortalité. C'est une nourriture immatérielle, mais elle a aussi sa correspondance dans le plan physique. Les alchimistes l'ont appelée l'élixir de la vie immortelle. Cet élixir est diffusé à travers toute la nature, et c'est le soleil qui le distribue.

Si au printemps et pendant l'été nous allons assister chaque matin au lever du soleil, c'est justement pour arriver à boire cette quintessence de vie que le soleil répand dans l'univers, et dont les rochers, les plantes, les animaux, les hommes reçoivent des particules. Tous les êtres vivants captent ces particules de façon inconsciente, mais les humains peuvent apprendre à les capter de façon consciente dans ce fluide qu'est la lumière du soleil.

Pour celui qui devient conscient de l'existence de son monde intérieur et qui s'applique à y travailler avec précision et clarté, en utilisant les plus belles couleurs et les plus belles formes, la reconnaissance de la société ne compte plus tellement : il sait, il sent que son travail est là, en lui, il ne peut pas se décourager, il ne peut pas douter. Il est peintre, sculpteur, architecte, et il vit au milieu de ses créations.

Vous direz : « Tout cela est bien beau, mais ces créations, personne ne les voit ! » Oh là là, ce n'est pas pour les humains qu'il crée, c'est pour d'autres entités, dans le monde invisible. Elles viennent regarder et ensuite, elles se prononcent, elles « achètent »… et il devient un artiste célèbre… en haut ! Et si un jour ces entités décident de le rendre glorieux ici sur la terre, c'est très facile pour elles. Mais ce n'est pas cette gloire-là qu'il doit chercher ; il doit chercher à satisfaire et à émerveiller uniquement les entités célestes en disant chaque jour : « Alors, et aujourd'hui, que dites-vous de mon travail ? »

La beauté n'appartient pas, par essence, au monde physique, c'est pourquoi on ne peut pas la saisir et encore moins la posséder ; dès qu'on s'approche d'elle pour l'effleurer, elle s'échappe. La beauté est un monde fait exclusivement pour les yeux ; elle n'est destinée ni à la bouche ni aux mains. Elle aime être regardée, mais elle ne supporte pas d'être touchée. Il faut donc être toujours très attentif lorsqu'on rencontre des êtres qui sont beaux. Celui qui n'a pas une bonne attitude, peut chasser les entités célestes qui les habitent et qui leur donnent cette beauté. Et si ces entités s'éloignent, lui aussi souffrira, car il perdra cet élément impalpable qui embellissait en même temps sa vie à lui.

Notre joie, notre inspiration dépendent donc du respect que nous manifestons envers la beauté. En apprenant chaque jour à la contempler, nous goûtons la vie véritable.

C'est à la lumière que vous devez donner la première place. Car la lumière est présente en toute chose. Quand vous vous serez pénétré de cette vérité, c'est votre vie entière qui sera transformée.

Si vous mangez en ayant conscience que la nourriture – les fruits, les légumes – est une condensation des rayons solaires qu'ils ont reçus, vous créez de meilleures conditions physiologiques pour que ces rayons soient bien absorbés et bien répartis dans votre organisme. Si vous respirez avec la conviction que par la respiration vous pouvez attirer la lumière en vous, vous vous mettez en état de recevoir la lumière céleste, l'esprit de Dieu. Car cette lumière que vous voyez, la lumière qui vient du soleil, n'est que la forme la plus matérielle de la lumière. Derrière cette lumière, il existe d'autres lumières plus subtiles ; et si vous savez comment entrer en relation avec elles, comment vous en nourrir, elles vous apporteront la vie éternelle.

S'engager dans la vie spirituelle demande des efforts que vous n'avez peut-être aucune envie de faire, c'est entendu… Mais quand même, essayez au moins de comprendre intellectuellement les avantages de vivre cette vie. Une fois que vous aurez compris, vous ferez plus facilement les efforts pour vous y engager.

Prenons un exemple : vous devez vous faire soigner les dents, et ça vous embête, c'est normal, vous avez peur de souffrir, mais vous vous décidez quand même ; votre intellect a compris que c'était mieux et vous acceptez. Alors, pourquoi ne pas faire la même chose dans le domaine spirituel ? Dites-vous : « C'est entendu, je souffrirai, mais c'est mieux ; ensuite, combien de problèmes je parviendrai à résoudre ! » Et ça y est, vous allez chez le « dentiste » ! Vous devez donc comprendre d'abord les avantages de la vie spirituelle ; ensuite vous tâchez de fréquenter certaines personnes qui vivent cette vie, et enfin vous faites les exercices comme si vous aviez déjà pris goût à ces activités. Dites-vous : « Cela ne me plaît pas tellement, mais tout de même je vais m'efforcer de prier, de méditer, de faire des exercices, j'irai voir le soleil se lever. » Et si vous vous y appliquez sincèrement, quelque temps après, le goût, le besoin de la vie spirituelle s'introduiront en vous.

Il y a une chose que les croyants de toutes les religions ont des difficultés à admettre, c'est que Dieu, qui est tout-puissant, ne se décide pas, enfin, à anéantir les esprits du mal qui viennent les tenter. Mais ces esprits ont aussi le droit de vivre, c'est aux humains de ne pas tomber dans leurs pièges. Dieu ne punira jamais le Diable parce qu'il vient les tenter : c'est à eux d'être plus éclairés, plus forts, c'est à eux de comprendre où est leur véritable intérêt, de se rendre compte pourquoi il est préférable de prendre telle direction plutôt que telle autre et d'avoir la volonté de marcher dans cette direction. Il faut qu'ils en soient totalement convaincus.

Serait-il réellement avantageux pour l'être humain d'être poussé malgré lui sur la voie du bien, de la lumière, et à l'abri, quoi qu'il fasse, des tentations et des erreurs ?… Le Créateur et les esprits célestes le laissent trouver son chemin, afin qu'il développe sa conscience et apprenne à devenir responsable de ses orientations.

Dans son essence, l'être humain créé à l'image de Dieu est un pur esprit. Alors, pourquoi est-il descendu sur la terre ? Pour étudier, explorer la matière, et c'est ainsi qu'il développe toutes les possibilités de son cerveau. Dans cette descente, ses cinq sens, qui sont les intermédiaires entre l'esprit et la matière, ont pris tellement d'importance qu'il a fini par perdre la conscience du monde divin, il a coupé le lien avec lui, il ne sent même plus sa présence, ce qui est évidemment un grand appauvrissement. Pourtant, ce contact avec la matière restera une acquisition extraordinaire pour l'humanité.

Il est dans les projets de l'Intelligence cosmique d'amener la créature humaine jusqu'à la perfection. Quand elle sera passée à travers l'opacité de la matière, à travers la maladie et la mort, forte de ces expériences elle reviendra vers la vraie vie, vers la lumière, vers la liberté, et c'est alors qu'elle connaîtra pleinement son Créateur.

La méthode des scientifiques est celle de l'analyse : ils séparent, ils coupent, ils dissèquent, ils décomposent, et cette méthode s'est maintenant généralisée à tous les domaines de la vie. Bien sûr, quand on se trouve devant un problème il est nécessaire de l'analyser ; mais pour trouver la meilleure solution, la méthode la plus efficace est la synthèse, c'est-à-dire replacer le problème au cœur d'un ensemble. Seule la synthèse vivifie. En s'acharnant à analyser, à démonter les objets et les êtres, on marche vers la mort, la mort spirituelle d'abord, et puis la mort physique.

Qu'est-ce que l'individualisme ? Une sorte d'analyse qui pousse les êtres à se détacher, à s'isoler, à se séparer des autres, à renforcer les murs, les frontières ; et cette analyse aboutit elle aussi à la mort spirituelle. Une collectivité, une fraternité est au contraire une synthèse qui apporte la vie. Tant que les humains ne voudront pas réaliser la fraternité universelle dans le monde, ils se détruiront. Pour vivre, il faut avoir un haut idéal, et cet idéal, c'est le Royaume de Dieu, qui n'est autre que la véritable fraternité universelle.

On peut très bien comprendre que chacun se prononce d'après ses facultés, ses capacités, son tempérament, ses besoins : c'est normal. Mais si quelqu'un dit : « Je crois ceci, je ne crois pas cela » avec la certitude d'énoncer une vérité éternelle, là il fait preuve de présomption. Comme s'il suffisait qu'il croie ou ne croie pas pour que ce soit la vérité ! La question n'est pas de croire ou de ne pas croire. La question est d'étudier, de vérifier. C'est ainsi qu'on se rapproche de la vérité.

Celui qui dit : « je crois », a-t-il analysé pourquoi il croit ? Qu'est-ce qui a inspiré cette croyance ? Combien de choses les humains croient parce que ça les arrange, parce que ça leur plaît, parce que ça correspond à leurs besoins, à leur sensibilité, à leurs intérêts !... Eh bien, qu'ils croient tout ce qu'ils veulent, ils en ont le droit, mais qu'ils ne s'imaginent pas que ce qu'ils croient est la vérité absolue, et surtout qu'ils cessent de vouloir l'imposer aux autres !

Devant le spectacle du monde, chacun a des raisons d'être désorienté, angoissé. Alors que reste-t-il à faire ? Les uns consulteront des psychologues, des psychanalystes... D'autres iront interroger les astrologues, les médiums, les clairvoyants, comme cela se fait de plus en plus de nos jours. Ce qui prouve qu'ils n'ont pas compris où et comment ils doivent rechercher les véritables certitudes, les véritables raisons d'être confiants en l'avenir.

Il existe des personnes capables de déchiffrer l'avenir, mais elles sont rares. Et même si elles vous renseignent sur les événements qui vont se produire, ce sera quand même à vous de trouver comment agir pour ne pas gâcher toutes vos chances et affronter les épreuves. Alors, au lieu d'aller interroger les uns et les autres, il est plus raisonnable que vous vous occupiez de construire en vous-même quelque chose de solide, qui vous permettra de faire servir à votre évolution tout ce qui vous arrive, les joies comme les tristesses, les succès comme les échecs.

En concentrant leurs efforts sur la transformation de la matière, les alchimistes avaient du travail spirituel une meilleure compréhension que beaucoup de soi-disant spiritualistes, qui s'appliquent à fuir la matière et à séparer le corps de l'esprit. L'alchimie ne coupe pas l'homme en deux : un esprit qui serait seul digne de notre attention, et un corps qu'il faudrait ignorer, mépriser, malmener. Non, l'esprit et la matière, l'esprit et le corps ont un travail à faire ensemble.

Le corps n'est pas le tombeau de l'esprit. Ou, plus exactement, le corps n'est le tombeau de l'esprit que pour celui qui n'a pas compris la signification du premier verset de la *Genèse* : *« Au commencement Dieu créa le ciel et la terre. »* Oui, pas seulement le ciel, mais le ciel et la terre. Par « ciel » il faut entendre l'esprit, par « terre » il faut entendre la matière ; si Dieu a créé l'un et l'autre, c'est qu'ils ont quelque chose à faire ensemble. Séparer le corps de l'esprit, c'est séparer une maison de son toit : exposée aux intempéries, elle se désagrège ; et que fait le toit s'il n'a pas quatre murs sur lesquels se poser ?…

Respirer est un acte si naturel, si spontané que peu de personnes se rendent réellement compte qu'elles respirent. Et pourtant, quels bienfaits elles pourraient retirer d'une respiration régulière, consciente ! Des bienfaits pour leur santé physique bien sûr, mais pas seulement. La respiration a aussi des effets sur le cœur et l'intellect, et même plus haut encore, sur l'âme et sur l'esprit. Car c'est aussi de la respiration que dépendent le fonctionnement des corps subtils et des centres spirituels, les chakras, comme l'ont enseigné depuis si longtemps les yogis indiens.

La respiration est une clé. Ceux qui s'exercent à respirer consciemment, à s'harmoniser avec les rythmes cosmiques entrent en communication avec des entités sublimes et ils bénéficient de leur savoir et de leurs pouvoirs.

Parce qu'elles ont entendu parler des bons effets de la méditation, certaines personnes décident de méditer. Or, la méditation est un travail de la pensée, et si ces personnes ne commencent pas par mettre de l'ordre dans leur vie de chaque jour, c'est cette vie même qui détruira leur travail. Elles auront beau prendre la pose, fermer les yeux et faire tous les exercices de yoga qu'elles voudront, tant qu'elles ne s'imposeront pas une certaine discipline intérieure, ces exercices ne leur serviront à rien, ils leur seront même nuisibles.

Que fait le malade qui est décidé à retrouver la santé ? Il ne se contente pas de prendre des médicaments, il suit un régime, il adopte un nouveau mode de vie, car il sait que les médicaments seuls ne sont que des palliatifs. Et vous, si vous voulez que la pratique de la méditation vous soit réellement bénéfique, vous devez aussi apporter des changements dans toute votre façon de vivre, c'est-à-dire non seulement améliorer votre conduite mais aussi vos pensées et vos sentiments.

Combien de personnes qui éprouvent un besoin de vie spirituelle se disent qu'elles doivent d'abord régler leur situation matérielle, car une fois cette question réglée, elles seront plus libres. C'est une erreur, car la vie matérielle est une source perpétuelle de soucis : à peine un problème est-il résolu qu'il en surgit un nouveau. Pour régler les questions matérielles, la meilleure méthode n'est pas de se concentrer exclusivement sur elles, mais plutôt de perfectionner ses aptitudes à les régler, en se renforçant dans la lumière, l'amour, la foi, l'espérance, la générosité, le désintéressement. Or, ces vertus ne s'acquièrent que par la pratique de la vie spirituelle.

Je ne dis pas qu'il faut négliger les affaires matérielles pour se consacrer uniquement à la prière et à la méditation, non, car c'est s'exposer à vivre dans des déséquilibres de toutes sortes. L'idéal, c'est d'apprendre à concilier les deux : le matériel et le spirituel, d'avoir les pieds sur la terre et la tête dans le Ciel.

Sous quelque forme qu'il se présente, ne cédez jamais devant le mal... Même si vous êtes en train de perdre la vue ou l'ouïe, même si vous êtes paralysé d'un membre, prenez conscience de toutes les facultés, toutes les possibilités que vous possédez encore et grâce auxquelles vous pouvez continuer à agir, à apprendre, à vous perfectionner. Et ce qu'il vous reste surtout, c'est le sentiment et la pensée, qui sont les plus grandes forces. Faites appel à eux, car c'est en cultivant des pensées justes et des sentiments généreux que vous créerez en vous des dispositions bénéfiques qui contribueront même à améliorer votre état physique.

Le mal prend les proportions que nous lui donnons. Si nous nous laissons aller à la faiblesse, au découragement, nous le renforçons. Mais avez-vous vu une poule défendre ses poussins quand un chien s'en approche ? Elle se hérisse, gonfle ses plumes, prend une attitude menaçante pour lui faire peur. Faites de même avec le mal : enflez-vous, montrez-lui que vous êtes capable de vous défendre, il sera obligé de reculer.

Si vous cherchez un guide spirituel, sachez au moins ce que vous devez attendre de lui. Un Maître spirituel fera tout ce qu'il peut pour vous faire comprendre la voie que vous avez intérêt à suivre, mais le goût de marcher dans cette voie, c'est vous qui devez l'avoir. Vous faire aimer la vie spirituelle, un Maître ne le peut pas, cela ne dépend pas de lui, mais de vous. Bien sûr, d'une certaine façon il peut vous influencer, comme peut vous influencer un ami qui a du goût pour la musique ou la poésie. Car les humains et toutes les créatures, les animaux, les fleurs, ou même les pierres, les objets, nous communiquent souvent à notre insu des éléments de ce qu'ils possèdent.

Il est donc possible que quelque chose de l'amour de votre Maître pour la splendeur du monde divin se communique à vous. Mais si vous n'êtes pas prêt à accepter son influence, rien ne peut vous forcer. Donc, que votre Maître arrive à vous faire aimer la vie spirituelle, cela dépend encore de vous.

Ce n'est pas parce qu'un objet est en votre possession qu'il vous appartient. Il vous appartient seulement si, à cause de lui, vous sentez intérieurement une joie ou une lumière. À ce moment-là, même s'il n'est pas réellement à vous, il vous appartient. Ainsi, la création entière avec les montagnes, les océans, le soleil et les étoiles peut vous appartenir. Mais oui, si vous les admirez, si vous les aimez, ils sont à vous !

Il faut donc désormais changer votre point de vue et comprendre ce qui est à vous et ce qui n'est pas à vous… Vous avez une femme et, parce que vous pouvez vous permettre beaucoup de choses avec elle, vous croyez qu'elle vous appartient. Eh bien, détrompez-vous. Mais si vous êtes en admiration devant elle, si vous la considérez comme une créature précieuse, un aspect de la Mère divine, alors là oui, elle vous appartient, même si vous ne la touchez pas. Vous pensez que pour posséder, il faut tenir dans vos mains… Non, malheureusement, c'est souvent ce que vous tenez le plus qui vous appartient le moins.

D'où viennent ces sentiments que l'on appelle haine, hostilité, rancune, vengeance? De ce que les humains ont coupé les liens qui devraient les unir. Vous direz: «Mais puisqu'ils sont là, face à face, en train de s'affronter, de se prendre à la gorge, c'est que les liens ne sont pas coupés!» Dans le plan physique, c'est vrai, les liens ne sont pas coupés. Mais je parle du plan spirituel. Là, oui, les liens sont coupés et cette coupure provoque la guerre. Dans la guerre, c'est évident, il y a aussi des liens. Quand la haine ou la colère précipite deux personnes l'une contre l'autre, on peut dire qu'elles n'ont jamais été aussi proches… mais pour se massacrer! Tandis que d'autres qui s'aiment profondément, même si elles sont séparées par des milliers de kilomètres, il existe un lien formidable entre elles!

Quand je vous parle de lien, je comprends ce mot comme les mécaniciens et les électriciens le comprennent. Vous avez là un appareil qui ne fonctionne pas parce qu'il manque seulement un demi-centimètre de fil. On met la bonne longueur, et ça y est, le courant est rétabli, l'appareil marche. Tout est là, dans le lien, qu'il soit physique ou psychique.

Qu'est-ce que la morale ? La plupart du temps on appelle ainsi un ensemble de règles inspirées par les différentes conditions géographiques, historiques, sociales. Ici, il est immoral de montrer sa cheville, et là il est tout à fait moral d'apparaître à moitié dévêtu. Ici, il est immoral pour un homme de regarder le visage d'une femme, et là il doit accepter de passer la nuit avec l'épouse de celui qui lui donne l'hospitalité, etc. Tout cela n'a évidemment rien à voir avec la vraie morale.

Pour les Initiés, la morale est l'ensemble des lois inscrites par l'Intelligence cosmique dans l'organisme humain, au cœur des cellules de ses organes, et celui qui ne respecte pas ces lois se détruit psychiquement et physiquement. L'origine de la morale est donc en l'homme lui-même. Lorsque vous étudiez la question de ce point de vue, vous constatez qu'il existe une morale absolue, valable pour le monde entier. On ne peut pas jouer avec elle ni utiliser des arguments pour justifier l'immoralité. Et puisqu'elle vit au-dedans de l'homme, la véritable morale ne peut pas être détruite. Lorsque vous transgressez une de ces lois, elle est implacable envers vous.

Le monde matériel et le monde spirituel nous présentent leurs richesses ; dans les deux cas, il est difficile de les acquérir, mais les difficultés ne sont pas vécues de la même manière selon que l'on recherche les unes ou les autres.

Celui qui se concentre sur les réalisations matérielles, les possessions, l'argent, le pouvoir, et qui ne parvient pas à ses fins, ressent amèrement ses échecs, comme s'il avait tout perdu. Tandis que celui qui est habité par des besoins spirituels se sent toujours soutenu. Par ses aspirations à une vie supérieure, il n'a cessé de tisser des liens avec le monde divin, et ces liens produisent en lui des vibrations secrètes. Même s'il n'arrive pas à réaliser pleinement toutes ses aspirations, ces vibrations qu'il ressent dans son être profond finissent toujours par le sauver du découragement.

Comment comprendre les paroles prononcées par Jésus pendant le dernier repas qu'il prit avec ses disciples ? Il bénit le pain et le vin et le leur donna en disant : *« Mangez, car ceci est ma chair. Buvez, car ceci est mon sang... Celui qui mange ma chair et qui boit mon sang a la vie éternelle. »* Le pain et le vin sont deux symboles qui étaient déjà connus et utilisés bien avant Jésus. Ils résument toute la Science initiatique, qui est la science des deux grands principes cosmiques : le principe masculin, symbolisé par le pain, et le principe féminin, symbolisé par le vin. Ces deux principes travaillent ensemble dans toutes les régions de l'univers.

Et si on approfondit encore leur signification, on découvre que le pain et le vin sont deux symboles solaires. Au-delà de ce pain et de ce vin physiques, il faut voir les deux propriétés du soleil : sa chaleur et sa lumière. La chaleur du soleil spirituel, c'est l'amour, et sa lumière, c'est la sagesse. Jésus voulait donc dire : « Celui qui mange la sagesse et qui boit l'amour, a la vie éternelle. »

L'alchimie est la science de la transformation de la matière. Dans le creuset, l'alchimiste place la matière première qui, dans un premier temps, meurt et se putréfie ; cette opération correspond à la couleur noire. Ensuite, la matière est dissoute et purifiée : elle devient blanche. Puis, c'est la distillation et la conjonction : la matière passe au rouge. Enfin, c'est la sublimation, la couleur or. Ces opérations qui restent obscures pour beaucoup, ne s'éclairent que si on les interprète comme différentes étapes de la vie intérieure.

Le travail que l'alchimiste réalise sur la matière dans le creuset est en réalité le travail de régénération que le disciple réalise dans ce creuset qu'est son corps, et il doit y consacrer toute son existence. La matière régénérée sort du creuset transformée en or : l'homme régénéré est mort à sa nature inférieure pour naître à sa nature supérieure. Jésus disait : *« Si le grain ne meurt quand il est mis en terre, il reste seul ; mais s'il meurt, il porte beaucoup de fruits. »* Cette phrase peut être considérée comme un résumé du travail alchimique.

Tant que vous n'avez pas écarté les rideaux de vos fenêtres, la lumière n'entrera pas, et de la même façon elle ne peut pas entrer dans votre tête si vous gardez en vous les « rideaux » tirés. La lumière est assez puissante pour faire mouvoir les mondes, c'est vrai ; mais écarter un rideau pour entrer chez vous, ça, elle ne peut pas : c'est à vous de le faire, en dissipant toutes les couches opaques que vous avez accumulées. Dès que vous écartez les rideaux, la lumière entre soudain dans votre chambre, c'est-à-dire dans votre tête, dans votre intellect.

Et quand tout s'est éclairci, vous comprenez comment une pensée lumineuse peut sanctifier les créatures et les objets autour de vous. Alors, tâchez de commencer ce travail : du matin au soir, efforcez-vous de vivre enfin dans cette joie extraordinaire de sanctifier tout ce que vous regardez, tout ce que vous touchez.

L'alchimie a été condamnée par l'Église, alors que des papes eux-mêmes se sont adonnés à cette pratique ; et les bâtisseurs des cathédrales eux aussi possédaient des connaissances alchimiques : l'architecture et la sculpture du Moyen Âge en portent de nombreux témoignages. Ainsi, ils ont inscrit dans la pierre toutes les phases que traverse la matière au cours de la préparation de la pierre philosophale.

Même l'épisode du Déluge dans l'*Ancien Testament,* que l'on voit souvent sculpté sur les murs des cathédrales, peut être considéré du point de vue alchimique. La pluie tombe pendant quarante jours et quarante nuits ; or, 40 est le nombre de la mort. L'arche dans laquelle Noé et sa famille s'enferment avec un couple de chaque espèce animale représente le vase alchimique dans lequel se fait la transmutation. Quant au corbeau, Horev, et à la colombe, Iona, que Noé relâche successivement pour voir si la terre ferme est réapparue, ils représentent un moment essentiel du Grand Œuvre : le passage du noir au blanc, symbole d'une résurrection.

Les chrétiens récitent et chantent qu'ils mettent toute leur foi et leur espérance dans le Seigneur, dans le Christ, dans les anges. Mais alors, pourquoi beaucoup sont-ils toujours faibles, incertains, malheureux ?... Parce qu'ils se contentent de réciter et de chanter, ils ne font rien pour attirer l'aide du Ciel.

Si un jardinier n'a rien semé dans son jardin, il aura beau appeler le Seigneur à l'aide, ou le soleil, la pluie et toutes les forces de la nature, rien ne poussera. Le Seigneur a fait des lois que les humains doivent connaître, et s'ils ne les connaissent pas ou ne veulent pas les appliquer, le Seigneur ne va pas faire d'autres lois pour leur faire plaisir. Mais qu'ils sèment quelques graines dans leur terre intérieure, des pensées de sagesse, des sentiments d'amour : alors toutes les lois cosmiques vont contribuer à les faire pousser. Il faut compter d'abord sur son travail, et compter ensuite sur le Seigneur, c'est-à-dire sur les lois qu'Il a établies depuis l'origine du monde.

LAW OF CIRCLE

14 Avril

Que peut nous apprendre la figure du cercle sur notre vie intérieure ? Que les deux termes « centre » et « périphérie » ne désignent pas seulement des lieux géométriques. Centre et périphérie représentent aussi des foyers de forces qui agissent sur nous : les forces du centre, de l'esprit, nous régénèrent, tandis que celles de la périphérie, de la matière, nous broient.

Bien sûr, l'être humain est ainsi fait et ses conditions de vie sont telles qu'il ne peut pas maintenir continuellement son attention sur le centre et négliger la périphérie. Il est obligé d'aller vers la périphérie, c'est-à-dire d'étudier la matière et de travailler avec elle. Mais le danger est qu'il rompe le lien spirituel avec le centre et qu'il s'éparpille, c'est pourquoi il ne doit jamais perdre de vue le centre divin en lui, ce centre qui unit tout, qui rassemble tout, qui explique tout. Et depuis ce centre, il peut tendre une infinité de fils vers la périphérie. Au fur et à mesure qu'il se lie intérieurement au centre, il façonne en lui un point d'attache solide : une fois solidement attaché, il peut s'aventurer sans danger vers la périphérie.

Les humains ont des besoins de toutes sortes, la nature est tellement riche de possibilités ! Leur plus grand plaisir est de satisfaire les besoins instinctifs, et on peut le comprendre, c'est une tendance innée. Mais si elle n'est pas orientée et maîtrisée par un raisonnement, par une sagesse, cette tendance ne peut être justifiée. Elle est légitime dans son élan, mais elle n'est pas légitime dans toutes ses manifestations, et il ne faut donc pas lui donner une totale liberté de réalisation.

Manger, boire, se distraire, accumuler de l'argent et des possessions, s'imposer aux autres, goûter les plaisirs de l'amour ou même de la débauche, voilà les forces instinctives qui meuvent les humains. En soi, elles n'ont rien de mauvais ; elles deviennent mauvaises quand ils ne font pas intervenir l'autre facteur, le raisonnement, pour décider dans quelle mesure ils peuvent leur laisser libre cours ou au contraire les juguler.

16 Avril

Ce n'est pas la terre mais l'eau qui, symboliquement, représente la matière, et les alchimistes parlent d'une matière qu'ils définissent comme de l'eau qui ne mouille pas, l'eau philosophale qui doit être chauffée par le feu. Beaucoup ont interprété ce feu et cette matière comme le feu du soleil et la matière de la lune. Voilà pourquoi Hermès Trismégiste dit à propos de la pierre philosophale : « Le soleil est son père, la lune est sa mère… » c'est-à-dire le feu (l'esprit) est son père, et l'eau (la matière) est sa mère. Car de même que le soleil règne sur le feu et sur l'homme, la lune règne sur les eaux et sur la femme. Et comme l'or est lié au soleil et l'argent à la lune, cela explique aussi la place importante que tiennent ces deux métaux dans les traités alchimiques.

Le disciple d'une École initiatique est aussi un alchimiste ; il travaille d'après les mêmes principes, mais le soleil et la lune, le feu et la matière, l'or et l'argent, il les transpose dans le domaine psychique, spirituel. Les deux principes, le feu et l'eau, c'est la sagesse et l'amour : en travaillant avec ces deux principes il obtient la pierre philosophale, la force qui incite à l'action.

Vous n'êtes pas justifié d'être triste quand cette tristesse est due à des motifs égoïstes. Vous me direz que vous avez des raisons d'être malheureux, parce que vous ne rencontrez que des échecs, vous ne voyez aucun véritable avenir devant vous… Eh bien, vous voyez mal : les jours se suivent et ne se ressemblent pas, et même si aujourd'hui le soleil est caché par des nuages, demain vous le verrez se lever et tout vous sourira. « Oui mais, disent certains, je suis déjà vieux, que puis-je espérer ? » Ne savez-vous pas qu'un jour vous reviendrez à nouveau sur la terre comme un enfant à qui tous les espoirs sont permis et que vous recommencerez une vie nouvelle, enrichie par les expériences du passé ? Un autre se lamente : « J'étais riche et j'ai tout perdu ! » Mais vous pourrez regagner cette richesse, qui vous en empêche ? « J'ai perdu des êtres que j'aimais… » Si vous les avez vraiment aimés, vous les retrouverez.

Il existe des réponses à tous les arguments que la tristesse vous présente. Il ne faut pas toujours s'appesantir sur la faiblesse, le chagrin, la fatigue, les échecs, les pertes. Tout se résout quand on appelle à l'aide l'amour, la sagesse, la vérité.

Une demande que vous adressez à Dieu ne L'atteint jamais directement : ce sont les anges, ses serviteurs, qui transmettent vos désirs, vos prières. Ou même, peut-être qu'ils ne les transmettent pas et beaucoup de demandes n'arrivent pas à destination. Pourquoi ? Parce qu'en chemin des entités font un triage. Elles examinent vos demandes et pour certaines, elles disent : « Pourquoi amener tout ça jusqu'à Dieu ? Il a autre chose à faire qu'à écouter ce genre de réclamations. Allez, au panier ! »

Donc, que ce soit clair : vous pouvez, en priant, vous adresser directement au Seigneur, moi aussi je le fais, mais en sachant que ce sont d'autres qui transporteront vos demandes. Si elles ne sont pas pures et désintéressées, elles seront jetées au panier, vous ne serez pas exaucé.

Conservez en vous l'image du sommet comme un des meilleurs symboles de cet idéal divin que vous devez vous efforcer d'atteindre. Même s'il reste toujours inaccessible pour vous, l'essentiel, c'est de ne jamais le perdre de vue.

En vous concentrant sur l'image du sommet, vous êtes obligé de vous projeter toujours plus avant, de franchir chaque fois des degrés plus élevés et vous sentez peu à peu combien cette habitude mentale se reflète bénéfiquement dans votre vie quotidienne. Chaque fois que vous aurez un problème à résoudre, une décision à prendre, une difficulté à affronter, vous sentirez que vous maîtrisez mieux la situation parce que vous arrivez à l'envisager de plus loin, de plus haut. Et lorsque vous devrez agir, vous le ferez avec de moins en moins de risques d'erreur.

Dans la Table d'Émeraude d'Hermès Trismégiste il est dit : « Tu sépareras le subtil de l'épais avec une grande industrie ». Pourquoi les séparer ? Et que faire une fois qu'ils sont séparés ? Si nous appliquons ce précepte à la vie psychique, nous comprenons que nous devons rompre en nous les liens avec tout ce qui est grossier, terne, obscur, afin de nous lier à tout ce qui est subtil, lumineux.

Un détachement implique toujours un rapprochement. Si vous vous éloignez du bien, vous vous rapprochez du mal ; si vous vous éloignez de la lumière, vous vous rapprochez des ténèbres ; si vous coupez le lien avec l'Intelligence cosmique, comme le font de prétendus philosophes ou scientifiques, vous vous liez à l'absurdité. Voilà une interprétation des paroles d'Hermès Trismégiste à laquelle ceux qui étudient l'alchimie n'ont peut-être pas pensé.

Des entités invisibles accompagnent l'être humain tout au long de sa vie. Les entités lumineuses, bienfaisantes, lui préparent le chemin partout où il doit se rendre ; tandis que les entités ténébreuses, maléfiques, s'opposent à tout ce qu'il veut entreprendre d'utile et de constructif et le poussent vers des voies sans issue.

Lorsqu'un roi se déplace, il est précédé de serviteurs qui préparent sa venue : quand il arrive, tout est prêt, parce qu'il est le roi. Mais un mendiant, qui se préoccupe de préparer ses déplacements ?... Il en est de même pour la vie intérieure : celui qui est un roi ou un prince trouve nécessairement la route dégagée devant lui et des quantités de personnes pour l'accueillir, alors que le mendiant, symboliquement un être pauvre en vertus, ne sera nulle part bien accueilli. Le secret de la vie véritable, c'est donc de chercher à devenir le roi de soi-même, un roi qui domine ses pensées, ses sentiments et ses actes. Celui qui est réellement le maître de son royaume est toujours précédé par des êtres qui préparent les meilleures conditions pour lui.

22 Avril

Vous voulez être heureux ? Eh bien, au lieu de chercher à obtenir ce que vous n'avez pas encore, commencez par être reconnaissant pour tout ce que vous avez déjà dans les plans physique, psychique, spirituel, et efforcez-vous d'en faire bénéficier les autres. Pour être heureux, cultivez la faculté de vous réjouir, de remercier, et de remercier particulièrement pour des choses que vous aviez jusque-là négligées, dédaignées. Chaque jour, tâchez de trouver au moins un événement, une rencontre, une pensée qui vous fait du bien ou vous émerveille, et mettez-les dans votre tête, dans votre cœur.

Si vous savez remercier chaque jour le Seigneur, si vous savez apprécier tout ce qu'Il vous donne, vous posséderez le secret magique qui peut transformer votre vie. Et les entités lumineuses du monde invisible s'approcheront de vous pour vous aider. C'est cela, le bonheur.

Les destinées d'un pays ne sont pas entre les mains des hommes politiques, quel que soit leur pouvoir. Peut-être, pendant quelque temps, ils peuvent avoir cette illusion et la donner aux autres, mais elle ne dure pas. Tous ceux qui se sont imaginé que le sort des peuples était entre leurs mains et qu'ils pouvaient disposer d'eux à leur fantaisie, ont mal fini. Car ce ne sont pas les humains, aussi puissants soient-ils, qui dirigent le destin de l'humanité, mais des entités supérieures qui observent et qui interviennent.

Oui, il existe d'autres intelligences, d'autres forces qui travaillent dans un but qui souvent nous échappe. C'est pourquoi, même des sociétés secrètes très puissantes qui croyaient qu'elles allaient dominer le monde, n'y sont pas parvenues, et la plupart ont été anéanties. Tandis que ceux qui se mettaient au service du Seigneur, qui voulaient exécuter ses projets, même s'ils ont été souvent piétinés et massacrés, leur idéal, lui, n'a jamais disparu, et il est en marche, car les projets de Dieu, c'est toujours la libération de l'homme, son épanouissement, son salut.

Les médicaments que vous prenez quand vous êtes malade possèdent évidemment des propriétés curatives. Mais ils seraient insuffisants, et ils seraient même inopérants si, en vous aussi, quelque chose ne contribuait pas à la guérison : la matière même de votre corps qui, animée, exaltée par la force de votre esprit, est capable de se défendre. D'autant plus que, souvent, ces médicaments qui combattent les maladies affaiblissent en même temps l'ensemble de l'organisme. Il faut donc laisser à l'organisme les possibilités de se défendre en éveillant les forces qui sont en lui.

De la même façon, un médecin ne doit pas être seulement celui qui prescrit des médicaments. Son amour pour les malades, sa compassion pour leurs souffrances, sa volonté de les guérir lui donnent une sorte de pouvoir magique : de toute sa personne émanent des fluides puissants qui pénètrent le malade et le vivifient, le ressuscitent. Voilà ce qu'il faudrait aussi enseigner aux étudiants des facultés de médecine : que les remèdes matériels sont insuffisants et que par leur présence ils doivent eux-mêmes devenir une médecine vivante pour leurs malades.

Les humains jugent tout d'après leurs critères à eux ; ils ne voient pas qu'il y a des valeurs qu'ils négligent alors qu'ils en surestiment d'autres. C'est pourquoi aux yeux de l'Intelligence cosmique, les valeurs humaines sont rarement les vraies valeurs.

Prenons l'instruction dont on fait généralement tellement de cas. Si on demande à quelqu'un combien il lui a fallu de temps pour obtenir un diplôme, il dira trois ans, cinq ans, ou plus encore s'il est médecin, et cela paraît beaucoup. Mais pour acquérir des vertus telles que la patience, la bonté, la générosité, la sagesse… il ne suffit pas de quelques années, c'est plusieurs siècles qu'il faut. Acquérir des connaissances livresques est tellement plus facile que de développer des qualités morales ! Quand un être possède ces qualités, c'est qu'il a travaillé des siècles pour les obtenir, alors pourquoi les sous-estimer ?

Aussi longtemps que les humains ne reçoivent pas la lumière de la Science initiatique qui leur ferait prendre conscience de leurs lacunes, ils peuvent être satisfaits d'eux-mêmes. Mais le jour où ils reçoivent cette lumière, ils sont épouvantés, car ils sont obligés de s'apercevoir qu'ils ont perdu leur temps et gâché leurs forces dans toutes sortes d'activités inutiles ou nocives. Alors, ils n'ont plus qu'une envie : fermer les yeux ou s'enfuir.

Eh bien, non, quelle que soit la réalité décourageante que l'on découvre, il ne faut ni fermer les yeux ni s'enfuir, car y voir clair est quand même préférable. Si on refuse d'accepter la réalité, comment remédier aux situations ? Vous direz : « Mais nous allons souffrir ! » Oui, mais il vaut mieux souffrir et être dans la lumière. On ne gagne rien à rester dans les illusions, car la vie est terrible : un jour ou l'autre elle nous oblige à voir la réalité et plus on tarde, plus on rencontrera de difficultés.

Puisque les humains possèdent un corps physique, un cœur, un intellect, une âme et un esprit, ils vivent dans différents plans. Mais dans ces différents plans il se peut que certaines conditions leur soient bénéfiques et favorisent leur évolution, tandis que d'autres leur sont contraires et les empêchent de se développer ; si bien que, là où les uns s'épanouissent, les autres périclitent, et inversement.

Une personne a par exemple des facultés intellectuelles très bien développées mais une santé déplorable. Pourquoi ? Parce qu'il existe des forces, des courants dans l'univers qui ne sont pas tout à fait d'accord avec certains aspects de son existence et qui la combattent en provoquant des troubles chez elle. Les humains ont tous à souffrir dans un plan ou un autre de ce genre de discordance. Le seul remède, c'est l'harmonie : harmonie avec le soleil, les étoiles, avec la terre, avec la nature entière, afin que toutes les puissances cosmiques contribuent à leur épanouissement.

28 Avril

Se nourrir, ce n'est pas seulement manger et boire comme nous le faisons chaque jour. Se nourrir est un processus qui s'étend au cosmos tout entier. Oui, car l'être humain a été créé pour recevoir tous les éléments nécessaires à sa vie, et il peut trouver dans toutes les régions de l'espace des nourritures qui conviennent non seulement à son corps physique mais à ses corps éthérique, astral, mental, causal, bouddhique, atmique. Essayez de comprendre cela et vous commencerez à sentir la création comme une immense symphonie.

Mais évidemment, pour que ces échanges puissent s'effectuer, les voies de communication doivent être libres. Tant qu'elles ne le sont pas, la circulation se fait mal ; c'est comme des tuyaux bouchés, et il faut les déboucher. Comment ? Dans le plan physique, on peut changer de régime alimentaire, se mettre à la diète, prendre des purges ou des lavements, etc. Dans le plan psychique, on remédie à ces obstructions en faisant un triage sévère dans ses pensées et ses sentiments pour ne garder que les plus lumineux, les plus désintéressés et généreux.

Voici sur la scène d'un théâtre des personnages en train de s'affronter. Cet affrontement paraît aux spectateurs tellement convaincant qu'ils prennent passionnément parti pour les uns contre les autres. Mais à l'entracte, si un de ces spectateurs pouvait aller dans les coulisses, il découvrirait que ces mêmes personnages qu'il vient de voir dressés les uns contre les autres au point de s'entretuer, sont là en train de bavarder amicalement en attendant de retourner sur la scène. Comment font-ils pour se réconcilier ?… C'est très simple, ces hommes et ces femmes ne sont pas des ennemis : sur la scène, ils jouent une pièce où leur rôle est de s'opposer, et ils la jouent fidèlement en sachant qu'ils jouent. Mais dès qu'ils quittent la scène, ce sont des amis.

La vie humaine est un théâtre, combien l'ont dit ! Seulement, il ne suffit pas de le dire, il faut en tirer des conclusions. Que les humains prennent enfin conscience des comédies qu'ils sont en train de jouer : alors ils se contenteront d'aller sur les champs de bataille avec des armes chargées à blanc, ils feront un moment semblant de se battre, ça leur fera du bien, puis ils s'embrasseront et chacun retournera chez soi avec des fanfares.

Comment les entités ténébreuses s'y prennent-elles pour nuire aux humains ? Elles les poussent à commettre des fautes, car chaque faute est une porte ouverte qui leur donne le droit de s'introduire en eux pour les tourmenter. S'ils résistent, s'ils ne commettent pas d'erreurs, elles n'ont aucun pouvoir. C'est pourquoi le diable – disons le diable pour simplifier – a seulement les pouvoirs que vous lui donnez. Si vous ne voulez pas avoir affaire à lui, ne lui ouvrez pas la porte. Il ne vous force pas, il vous fait seulement des suggestions – c'est la raison pour laquelle on le nomme « le tentateur » – et c'est vous qui dites oui.

La plupart des gens s'imaginent que leurs malaises, leurs troubles, leurs angoisses sont venus d'un seul coup, comme ça, brusquement. Non, ils les ont préparés, ils leur ont ouvert la porte, ils les ont invités. Comment ? Par des désirs, des pensées, des sentiments inférieurs, par certaines faiblesses, certaines transgressions. C'est à ce moment précis que le diable a trouvé une porte ouverte, il est entré, et il a commencé son entreprise de destruction.

Chaque être est libre de choisir sa voie ; il peut même décider de s'éloigner du Seigneur, mais quel sera son destin ? Celui qui se sépare de Dieu, qui ne veut pas être dans la lumière, quels peuvent être ses projets ? Ordinaires, tout simplement : il veut devenir riche, puissant, glorieux ; il veut manger, boire, goûter tous les plaisirs. Et puisque son idéal est tellement médiocre, il est là en train de ramper et d'explorer les régions inférieures où l'attendent les déceptions et les malheurs.

En sachant seulement quel est l'idéal d'un homme, on peut prédire son avenir : il ira là où il a placé son idéal. Pour celui qui est instruit de la Science initiatique, rien n'est plus facile que de prophétiser sur les êtres. Quand on voit sur quels rails se trouve un train, on sait exactement sa destination et son itinéraire.

Vous avez eu à souffrir de quelqu'un que vous aimiez, et maintenant vous le détestez. Ne croyez pas que vous vous libérez ainsi de lui. En le détestant comme en l'aimant, vous êtes toujours lié à lui, car la haine est une attache aussi puissante que l'amour. Si vous voulez être libéré de quelqu'un qui vous tourmente et ne plus jamais le revoir, ne le détestez pas, soyez indifférent. Si vous le détestez, vous vous attachez à lui par des liens inextricables, vous serez sans cesse avec lui, vous aurez affaire à lui pendant des années et des siècles, et vous continuerez à souffrir.

Couper toute relation avec quelqu'un, ne plus le voir, divorcer, etc., dans le plan physique, il est facile de rompre des liens. Mais les liens doivent aussi être rompus dans le plan astral, et pour cela il faut arriver à ne plus nourrir aucun sentiment négatif. Voilà ce que vous devez comprendre si vous voulez vraiment vous séparer de quelqu'un. Même si le haïr après l'avoir aimé suppose une forme de rupture, la haine est une force qui vous lie à la personne que vous haïssez. Exactement comme l'amour. Évidemment, le lien est différent : l'amour vous apporte certaines choses et la haine vous en apporte d'autres, mais elle vous les apporte tout aussi sûrement et aussi puissamment que l'amour.

Vous assistez le matin au lever du soleil : soyez attentif afin de capter le premier rayon, car toute votre journée dépend de l'état dans lequel vous le recevrez. Au moment où ce premier rayon apparaît, vous devez être déjà lié au soleil afin de sentir que votre Moi supérieur fait partie de lui, qu'il est une flamme du soleil. Et puisque votre Moi supérieur vit dans le soleil, par lui vous y vivez aussi, vous baignez dans sa lumière, et en vous unissant à la force cosmique qui émane de lui, vous vous régénérez.

Le jour où vous ferez cet exercice en pleine conscience, vous créerez un lien magique entre cette réalité éphémère que représente votre moi humain qui vit ici sur la terre, et la réalité éternelle de votre Moi supérieur qui vit dans le soleil. Dans cette identification de votre moi humain avec votre Moi divin, vous goûterez l'ambroisie, cette nourriture d'immortalité qui vient du soleil et vous deviendrez des citoyens du Ciel.

La grandeur d'un être, sa puissance, la vraie, ce n'est pas d'obtenir des pouvoirs, mais de s'abstenir de les utiliser dans son propre intérêt. Celui qui se sert de pratiques magiques pour obtenir l'amour, la gloire, le pouvoir, l'argent, ou pour se débarrasser d'un adversaire, fait en réalité de la magie noire ; tout ce qu'il arrive à obtenir ainsi se retournera un jour contre lui et il perdra tout.

La véritable magie, la magie divine, consiste à utiliser toutes ses facultés, toutes ses connaissances, pour la réalisation du Royaume de Dieu en soi-même et dans les autres. Très peu de mages arrivent à ce degré supérieur où l'on n'a même plus d'intérêt pour la magie elle-même, où l'on n'entreprend même plus de faire des opérations magiques, où l'on cesse de vouloir commander aux esprits pour satisfaire de quelconques ambitions personnelles, où l'objectif unique est de travailler par la lumière et pour la lumière. Ceux qui y parviennent sont des théurges, c'est-à-dire des êtres qui pratiquent la magie divine. Leur travail est absolument désintéressé, ce sont des bienfaiteurs de l'humanité.

Les humains sont tellement présomptueux qu'ils se considèrent comme les seules créatures réellement évoluées dans l'univers. Au-dessous d'eux ils placent les animaux, les plantes, les pierres, et au-dessus, très loin quelque part, on ne sait où, Dieu, le Créateur… si du moins ils y croient. Ils ignorent l'existence de toutes ces entités qui font le lien entre Dieu et le monde des hommes. Ou même s'ils les connaissent parce qu'ils ont tout de même entendu parler des hiérarchies angéliques*, ils pensent rarement à elles, ils n'essaient pas d'établir de lien avec elles.

Les catholiques, les orthodoxes, s'adressent aux saints ; c'est bien, mais même les plus grands saints ne sont que des êtres humains, et le culte qui leur est rendu rappelle souvent les cultes païens. Alors, prenez conscience de l'existence de ces hiérarchies angéliques, liez-vous à elles, car elles seules vous conduiront vers Dieu.

* Voir note et schéma, p. 374-376, ainsi que *De l'homme à Dieu – séphiroth et hiérarchies angéliques,* Coll. Izvor n° 236, chap. III : « Les hiérarchies angéliques ».

Devant certains événements et situations de la vie vous vous sentez troublés, désorientés, et vous ne savez plus quoi faire. Mais ne plus savoir quoi faire ne justifie pas que vous abandonniez ce que vous savez être la bonne voie. Au contraire, à ce moment-là plus que jamais, vous devez rester sur le chemin. Car ne vous faites pas d'illusion, jamais la vie ne se conformera à vos désirs et à vos besoins ; c'est à vous d'adopter la bonne attitude qui vous permettra de trouver la solution à vos difficultés, les remèdes à vos souffrances.

Se plaindre continuellement en disant : « Pourquoi les gens sont comme ça ? Pourquoi ce pépin me tombe dessus ? Pourquoi l'existence est aussi difficile ? » ça ne sert à rien. Inutile de se poser de telles questions. En revanche, il faut se demander : « Comment est-ce que, moi, je dois comprendre ce qui m'arrive ? Comment je peux l'utiliser ? Comment je peux le transformer en le faisant servir à ma propre évolution et au bien des autres ? » Voilà les questions qu'il faut se poser. C'est alors qu'on avance, et toutes les circonstances ne servent qu'à se renforcer.

Dans un enseignement spirituel, vous apprenez à sortir des limites de votre conscience ordinaire pour vous projeter très haut, par la pensée, jusqu'à l'Être suprême qui embrasse toutes les créatures et qui les nourrit de son existence. Grâce à vos efforts pour vous rapprocher de cet Être infiniment lumineux et puissant, vous déclenchez des mouvements dans votre subconscience, votre conscience, votre superconscience, et ce que vous vivez alors comme expériences est inexprimable.

Vous devez faire cet exercice jusqu'à sentir que vous arrivez à ne plus exister comme entité séparée, mais que vous vous fondez dans cet océan de lumière qui, seul, peut vous donner la sensation de ce qu'est le Créateur. C'est dans cette fusion avec la lumière cosmique que vous trouverez la connaissance, la libération et la joie.

Chaque idée nouvelle entraîne des bouleversements, c'est bien connu. Vous découvrez une idée qui vous paraît mériter d'être prise au sérieux et vous décidez de l'adopter. Mais voilà que cette idée dérange vos vieilles habitudes, et elle produit donc des complications non seulement dans votre intellect et votre cœur mais aussi dans votre corps physique. Ainsi, combien de personnes sont tellement étonnées de constater la révolution qu'une idée nouvelle déclenche en elles qu'elles y renoncent, même si l'idée est très bonne. Elles disent : « C'était beaucoup mieux avant, on était plus tranquille, tandis que maintenant, quel charivari ! »

Ceux qui n'acceptent pas des idées nouvelles parce qu'ils ont peur des perturbations qu'elles produiront en eux, ne progresseront jamais. Mais surtout, ce qu'ils ne savent pas, c'est que plus tard ils rencontreront des difficultés bien plus grandes encore. Périodiquement, le Ciel décide d'envoyer sur la terre de nouveaux courants, de nouvelles influences afin de transformer l'humanité ; ceux qui s'y opposent se trouveront ensuite dans des conditions plus défavorables. Alors, réfléchissez et dites-vous : « Le Ciel nous envoie de meilleures conditions d'évolution. Alors, même si nous sommes un peu secoués, même si nous sommes dérangés dans nos habitudes, ça vaut la peine de les accepter. » Et mettez-vous au travail.

Long et difficile est le chemin de celui qui s'engage dans la vie spirituelle, mais son travail peut se résumer en quelques mots : au lieu de laisser sa nature inférieure, instinctive, animale, prendre le dessus pour l'asservir et le chasser sans cesse du Paradis, il travaille à donner la parole à l'esprit, à se soumettre aux lois de l'esprit, afin que les puissances de l'éternité viennent régner en lui.

Le spiritualiste travaille à introduire dans son existence quotidienne des éléments subtils, des quintessences qu'il possède dans la partie la plus élevée de son être. Par ses pensées, ses sentiments, sa foi, ses efforts, il entretient l'étincelle divine enfouie en lui ; il ajoute au déroulement ordinaire des événements quelque chose qui jaillit, qui rayonne, et où se manifeste la présence du monde divin.

Rien ne peut égaler la rapidité de la lumière, c'est pourquoi on peut dire que la lumière est la plus parfaite de toutes les créatures de Dieu. Oui, la rapidité est un critère de perfection. Si votre pensée marche au ralenti, vous ne pouvez pas compter sur elle, elle est incapable de vous donner rapidement une vision juste de la situation ni la solution pour y faire face, et vous pouvez avoir un accident ou être pris au piège. De même, si vous laissez la lenteur s'installer dans votre vie psychique, tout devient beaucoup plus difficile : vous sentez que vous stagnez, que vous perdez le goût des choses.

La lumière est une mesure, un critère. Comme elle est pure, désintéressée, libre de tout fardeau, elle arrive toujours la première et s'introduit partout. Si vous voulez explorer le cœur humain, explorer l'univers, toutes les richesses de l'Âme universelle, cherchez intérieurement à atteindre la rapidité et l'intensité de la lumière.

L'argent, les appareils, les armes, voilà ce qui donne aux humains la conviction d'être riches et puissants, et ils le sont en effet tant que ces moyens restent à leur disposition. Mais s'ils les perdent, ils se retrouvent tellement faibles, chétifs, vulnérables ! Oui, parce que tous ces moyens ne leur appartenaient pas.

La différence entre un spiritualiste et un homme ordinaire, c'est que ses richesses, ses armes lui appartiennent vraiment. Même s'il vient à perdre toutes ses possessions matérielles, il se sent toujours lumineux, puissant, dans la plénitude, parce que les richesses, les appareils, les armes sont en lui. Tous ceux qui n'ont que des possessions extérieures, en réalité ne possèdent rien, car ce qui est extérieur ne nous appartient pas. Ils sont comme ce général qu'on salue à la parade à cause de ses décorations, mais si on le rencontre à la piscine, chétif, malingre, il peut même arriver qu'on le bouscule, parce qu'on ne le reconnaît pas ! Seul le spiritualiste conserve son pouvoir et ses richesses, car ayant travaillé sur ses possibilités intérieures, il les transporte partout avec lui.

Comment comprendre ce que dit le deuxième verset du livre de la *Genèse : « Et l'esprit de Dieu se mouvait au-dessus des eaux... » ?* Ce mouvement de l'esprit de Dieu au-dessus des eaux annonce le processus même de la création. Dieu n'a pas voulu rester pur esprit, Il est entré dans la matière, représentée par l'eau, pour l'animer et en faire apparaître toutes les richesses. C'est pourquoi les humains, créés à l'image de Dieu, ont eux aussi pour vocation de travailler sur la matière par le pouvoir de l'esprit.

Notre esprit est de la même quintessence que l'esprit de Dieu. Nous sommes donc parfaits en haut, dans le monde divin, et notre travail est de réaliser cette perfection en bas, dans la matière. Qu'est-ce que l'évolution ? Ce processus par lequel la matière « monte » au fur et à mesure que l'esprit « descend ».

Quand ils mangent, boivent, s'embrassent, etc., la plupart des gens reconnaissent qu'ils éprouvent des sensations de plaisir, de joie. Mais placez-les devant un lever de soleil, beaucoup ne ressentent rien, ils s'ennuient. Pourquoi ? Parce qu'ils sont trop sous l'influence de leur nature inférieure qui ne réagit qu'aux sensations physiques les plus immédiates, tandis que les rayons du soleil matinal, tellement subtils, les laissent indifférents.

Le disciple d'un enseignement spirituel possède un critère pour savoir s'il avance vraiment sur le chemin de l'évolution : il devient de plus en plus sensible aux rayons du soleil qui se lève ; il sent que ces rayons lui parlent, qu'ils lui apportent la lucidité, la clarté, la paix, la joie… Oui, les rayons du soleil peuvent plonger son cœur et son âme dans le ravissement. Mais cela dépend de son niveau de conscience.

14 Mai

Tant d'opinions différentes et contradictoires circulent de par le monde ! Et pourtant, ceux qui les expriment prétendent être chacun dans le vrai. Comment se fait-il qu'ils n'arrivent pas à s'entendre sur ce qu'ils appellent la vérité ? C'est très simple : c'est parce que leurs opinions reflètent le degré de développement de leur cœur et de leur intellect. Lorsque quelqu'un dit : « Pour moi la vérité, c'est ceci ou cela... », c'est « sa » vérité à lui, et cette vérité vous parle de son cœur et de son intellect qui sont insuffisants, déformés, ou au contraire très développés.

Si la vérité était indépendante de l'activité du cœur et de l'intellect, tous devraient s'entendre pour découvrir la même. Or, ce n'est pas le cas, bien au contraire : quel que soit le sujet, personne n'est d'accord. Sauf ceux, justement, qui possèdent le véritable amour et la véritable sagesse : ceux-là ont découvert les mêmes vérités, c'est pourquoi ils parlent tous le même langage universel.

Aimer et être aimées : c'est le seul droit divin que le Créateur ait donné à toutes ses créatures, et il n'est permis à personne de les en priver. La question est seulement de savoir où et comment trouver l'amour pour éviter les malentendus et les souffrances.

C'est en cherchant à perfectionner votre façon d'aimer que vous arriverez un jour à puiser cet amour qui est répandu partout dans l'univers. Pourquoi penser que vous devez absolument tenir un homme ou une femme dans vos bras pour recevoir et donner de l'amour ? Quand vous vous promenez avec quelqu'un, quand vous lui parlez, quand vous le regardez, quand vous lui envoyez un salut, c'est de l'amour, et de l'amour sous sa forme la plus subtile, la plus spirituelle. Il vous est arrivé de faire cette expérience, n'est-ce pas ? et vous vous êtes senti illuminé… Alors, pourquoi ne chercheriez-vous pas à retrouver ces états, à vous y maintenir le plus longtemps possible et même à les amplifier ?

La vie en société exige qu'on sache s'adapter. Et, selon les circonstances, s'adapter signifie se montrer compréhensif, ouvert, avoir du tact, sentir le mot à dire – ou à ne pas dire – en choisissant le moment propice.

Pour le spiritualiste, il importe de trouver cette bonne attitude sans faire de concession ni transiger avec les principes de la vie morale. Un spiritualiste doit donc savoir s'adapter tout en restant fidèle à son idéal et à ses convictions divines, inébranlable dans son amour comme dans sa foi. La capacité d'adaptation ainsi comprise dépend de la souplesse du caractère et de la subtilité de l'intelligence.

Le matin, quand vous ouvrez votre fenêtre ou votre porte, pensez à saluer toutes les créatures des mondes visibles et invisibles. Vous créez ainsi un lien avec elles et, grâce à ce simple geste de salutation, tout au long de la journée vous vous sentez dans la poésie, dans la lumière. Vous envoyez votre amour, et de toutes les régions de l'espace l'amour revient vers vous.

Il y a tellement de choses à faire pour rendre la vie belle et poétique ! Encore faut-il ne pas se laisser accaparer par les soucis, les affaires matérielles, et garder un peu de temps et d'énergies pour toutes ces activités qui donnent plus de sens à l'existence. Les humains n'ont encore pas compris grand-chose : ils parlent d'amour, ils veulent être aimés, mais ils restent fermés, ternes, prosaïques. Qu'ils apprennent désormais à vivre cette vie poétique, et on les aimera.

Au moment de vous lancer dans quelque entreprise que ce soit, réfléchissez bien à la nature des forces que vous allez ainsi mettre en mouvement. Il est toujours facile de déclencher des forces ou des événements, mais une fois déclenchés il est très difficile de les diriger, de les orienter, et encore plus difficile de les contenir quand on s'aperçoit qu'on s'est trompé.

Si les humains étaient plus conscients de cette réalité, ils réfléchiraient davantage avant de décider certains changements. Combien de gens remplis des meilleures intentions ont voulu bouleverser un certain ordre des choses ! Mais les forces qu'ils avaient ainsi mises en branle échappaient peu à peu à leur contrôle, et eux-mêmes finissaient complètement broyés. L'expression « apprenti sorcier » désigne justement l'homme qui, par imprudence, déclenche des courants qu'il est ensuite incapable de maîtriser, d'orienter, et qui finissent par l'écraser.

Beaucoup de gens s'intéressent à la science ésotérique sans s'y être préparés. En faisant des citations qu'ils ont prises par-ci par-là dans des livres auxquels ils ne comprennent pas grand-chose, ils sont fiers de passer pour des astrologues, des alchimistes, des mages, des kabbalistes… Mais les pauvres, ils ne se rendent pas compte que leur existence et tout leur être ne sont qu'un capharnaüm qui n'a aucun rapport avec l'astrologie, l'alchimie, la magie ou la Kabbale véritables. Il serait préférable qu'ils laissent toutes ces sciences tranquilles ! C'est dans la vie quotidienne que l'on doit montrer qu'on sait quelque chose.

En lisant des livres, bien sûr, on arrive toujours à obtenir des connaissances, et même à devenir très érudit. Mais ce n'est pas le vrai savoir. Le vrai savoir, c'est d'être capable de se maîtriser, de se libérer de ses faiblesses, de ne plus être éternellement la proie de tiraillements intérieurs. Celui qui possède le vrai savoir cherche à se manifester partout comme une présence lumineuse et bienfaisante. Et c'est après seulement que la science ésotérique lui apportera vraiment quelque chose.

La mentalité des peuples se révèle dans des formules qui sont habituellement utilisées dans certaines circonstances. Prenons seulement l'exemple de l'éternuement. À quelqu'un qui éternue, les Suisses disent: « Cent mille ! » Cent mille quoi ? Cent mille francs de rente. Les Français, eux, disent: « À vos amours ! » Évidemment, à condition qu'ils connaissent assez bien la personne, sinon ils ne se permettent pas de faire allusion à ses amours, et ils se contentent de dire: « À vos souhaits. » Les Bulgares, eux, disent: « Na zdravé ! » c'est-à-dire: À votre santé !

Je ne sais pas ce que disent les autres peuples, mais ces exemples suffisent à montrer que de telles formules sont le reflet de leur mentalité. Les Suisses, qui ont beaucoup de banques sur leur territoire, donnent une grande importance à l'argent, les Français mettent l'amour à la première place, et pour les Bulgares, c'est surtout la santé qui compte. Maintenant, si je dois, moi, donner mon opinion, je vous dirai qu'il y a un souhait qui dépasse tous les autres, c'est la lumière. Car avec la lumière on a tout: la santé, l'amour, la richesse, la force, la sagesse…

Dieu a donné à ses créatures des possibilités infinies de joie, mais Il a gardé la plus grande félicité pour celui qui, par son âme et son esprit, s'efforce de se fusionner avec Lui. Et pour que cette joie soit parfaite, celui qui a vécu ces instants de fusion, qui a reçu les grâces divines, doit s'efforcer de rayonner ces grâces autour de lui, afin d'en faire bénéficier tous les humains, les aider, leur montrer le chemin, devenir pour eux une source, un soleil qui donne, qui ne cesse de donner.

Oui, la seule véritable joie, c'est d'arriver à se fusionner avec la Divinité, et ensuite faire participer les autres à cette joie, partager avec eux ce qu'on a reçu. Notre joie prend donc en réalité deux formes : s'élever jusqu'au Ciel pour y amasser des trésors, puis revenir vers la terre pour les distribuer.

Assurer leur vie quotidienne, fonder une famille, goûter quelques loisirs, etc., voilà les préoccupations de la majorité des humains. De temps en temps, ils font, bien sûr, quelque chose pour la société, mais en général, c'est de leurs affaires qu'ils s'occupent, c'est pour eux qu'ils travaillent. Or, qu'ils le veuillent ou non, ils vivent dans une collectivité, et si dans cette collectivité éclatent des troubles, leurs possessions personnelles, leur vie même ne peuvent plus être en sécurité.

Se concentrer sur ses intérêts, sur sa famille, sur ses possessions n'est donc pas la meilleure façon de les mettre à l'abri, car il y a toujours le risque qu'il se produise dans la société des événements qui balaieront tout sur leur passage. L'histoire en a donné des quantités d'exemples. Il faut que ce soit clair : l'individualisme n'est une solution avantageuse pour personne. La seule solution avantageuse, c'est que chacun s'efforce de faire quelque chose pour améliorer la vie collective. À cette condition, oui, chaque individu sera en sécurité.

La vie spirituelle est une vie intense, et il peut arriver un moment où, après avoir fait des exercices de concentration, de méditation, vous ayez l'impression que quelque chose en vous va exploser. C'est vrai, le système nerveux peut ne pas résister à certaines tensions : vous devez donc apprendre à travailler en augmentant progressivement, graduellement, l'intensité des vibrations.

L'organisme humain et le cerveau particulièrement, est capable de résister aux tensions les plus fortes, mais à condition que ces tensions ne se produisent pas brusquement. C'est comme les moteurs que l'on doit faire chauffer lentement pour ne pas tout faire sauter. Quand vous sentez que votre cerveau a de la peine à résister à une trop grande activité psychique ou spirituelle, qui vous empêche de faire quelque travail physique, ou même seulement de marcher, pour envoyer cette énergie dans les bras, les jambes ?… L'équilibre reviendra, parce que vous aurez su diriger momentanément l'énergie ailleurs.

Tout ce que dit la Bible est exact, peut-être pas exact selon les critères de l'intellect, qui s'en tient toujours à la lettre des textes, mais exact pour l'âme et pour l'esprit. C'est le sens de la parole de saint Paul dans la *Deuxième Épître aux Corinthiens* : *« La lettre tue et l'esprit vivifie. »* Les vérités exprimées dans la Bible ont été vécues par des esprits exceptionnels. Pour les comprendre, il faut s'efforcer de les suivre jusque dans les régions où ils sont eux-mêmes parvenus à s'élever, donc entrer dans leur vision des choses. Pour interpréter les paraboles dont se sert Jésus, par exemple, il faut une autre science : la science des symboles, qui ne peut s'acquérir que par l'exercice des facultés de l'âme et de l'esprit.

Nous comprendrons les textes sacrés de toutes les religions quand nous parviendrons à vibrer à la même longueur d'onde que leurs auteurs ; sinon leur langue, leur vraie langue nous restera étrangère. Nous devons sentir ce qu'ils ont eux-mêmes senti, vivre ce qu'ils ont eux-mêmes vécu, c'est-à-dire nous élever jusqu'à leur niveau de conscience ; et alors là, vraiment la lumière jaillit ! Mais ce niveau de conscience élevé ne peut être atteint que si nous nous montrons plus attentifs, plus respectueux des lois du monde spirituel.

25 Mai

La consécration est un rite par lequel vous mettez un objet sous la protection d'une entité spirituelle. Mais pour consacrer un objet, vous devez commencer par l'exorciser, car il a déjà reçu l'influence des personnes qui l'ont touché, des événements qui se sont produits à côté de lui et qui y ont laissé des traces fluidiques plus ou moins pures. Ces traces fluidiques empêchent que votre pensée puisse complètement imprégner l'objet, car elles forment comme une barrière, un écran qui lui fait obstacle.

Une fois que cet objet a été exorcisé par des prières ou même des vapeurs d'encens, vous pouvez procéder à sa consécration : vous le mettez sous l'influence d'une puissance céleste qui l'imprègne de sa lumière et il est réservé ; c'est comme si un écriteau était placé sur lui : les esprits du mal y sont interdits d'entrée, tandis que les entités célestes viennent en prendre possession afin de vous aider à travers lui dans votre travail spirituel.

Vous voulez méditer ? Cela suppose d'abord que vous connaissiez la nature du travail psychique. Sachez d'abord qu'il est nuisible d'exiger du cerveau qu'il se concentre immédiatement sur un sujet, car en forçant les choses, on violente les cellules nerveuses et le cerveau résiste. La première chose à faire est donc d'apaiser en soi toutes les tensions, de rester pour ainsi dire passif, tout en surveillant, comme un spectateur presque neutre mais vigilant, cette harmonisation de toutes les cellules. Bien sûr, sans entraînement on n'y arrive pas si vite, mais à la longue il suffit seulement de quelques secondes.

Travailler tout d'abord avec la douceur, la paix, l'amour, et surtout ne rien forcer, voilà le secret d'une bonne méditation. Et au moment où vous sentez que votre mental est bien disposé, bien rechargé (car cette attitude passive lui permet de recevoir des énergies des plans subtils), vous pouvez orienter votre pensée vers le sujet choisi.

27 Mai

Les fleurs, les arbres, les océans, les pierres même… dans la nature, tout respire. « Mais, direz-vous, on ne peut pas concevoir le phénomène de la respiration en dehors des poumons ! » Si, pourquoi pas ? La vie n'a pas forcément besoin des mêmes organes pour que soient assumées les mêmes fonctions. Regardez l'arbre : il n'a ni poumons, ni estomac, ni foie, ni intestins, et pourtant, il respire, il se nourrit, il assimile, il élimine, il se reproduit. Et il vit même souvent plus longtemps que l'homme ! Il résiste aux intempéries, il donne des fleurs et des fruits parfumés. Tandis qu'avec toutes ses facultés l'homme est tellement fragile qu'un rien peut l'anéantir.

La plupart des humains se font sur la nature des idées erronées. D'après eux, pour être réellement vivant et intelligent, il faut être fabriqué comme eux. Mais la nature se moque de leurs opinions et de leurs systèmes. Pour elle, il n'est pas nécessaire d'avoir des poumons pour respirer, ou un cerveau pour être intelligent. Elle a créé la vie sous une telle multitude de formes que nous ne finirons jamais de les découvrir.

Parmi les souffrances que vous avez à endurer, beaucoup viennent évidemment de l'extérieur. Et pourtant, dans ces souffrances qui vous sont infligées et dont vous n'êtes pas directement responsable, vous avez tout de même une part de responsabilité. Pourquoi ? Parce que vous n'avez pas appris comment vous immuniser.

Si vous êtes tellement vulnérable, c'est que les éléments négatifs qui vous sont envoyés par le monde extérieur rencontrent un écho en vous. Et il se peut même qu'à cause des impuretés, des obscurités que vous abritez, ce mal soit encore augmenté. Si vous cherchiez à entretenir en vous la pureté et la lumière, non seulement ce mal serait neutralisé, mais le bien que vous recevez aussi serait amplifié. Eh oui, si vous ne ressentez pas intensément le bien qui vous vient chaque jour des mondes visibles et invisibles, c'est que toutes sortes de matières opaques en vous lui font obstacle. Alors, vous voyez, tout dépend de vous : repousser le mal, mais aussi attirer le bien et le conserver.

Au cours de l'histoire, combien de monarques qui n'étaient pas à la hauteur de leur tâche ont été renversés par le peuple ! Ils croyaient pouvoir se permettre impunément toutes les injustices et les cruautés, mais pendant ce temps il y en avait d'autres, là, qui se révoltaient et préparaient souterrainement leur chute.

Tout le monde sait cela, mais combien ont compris que ces mêmes révoltes, ces mêmes renversements de situation se produisent aussi dans leur vie intérieure ? Intérieurement, le roi, c'est-à-dire l'homme lui-même, se laisse aller à la paresse ou à la débauche et à toutes sortes d'excès. Quelque temps après, des forces hostiles s'emparent de lui, le mettent dans un cachot et gouvernent à sa place, c'est-à-dire qu'il est victime de maladies, d'accidents, de troubles psychiques. Jusqu'au jour où il comprend qu'il a tout un travail à faire pour regagner sa place à la tête de son royaume.

Pourquoi faut-il bien réfléchir avant d'agir? Parce qu'agir c'est déclencher des forces, et une fois les forces déclenchées, elles ne s'arrêtent pas en chemin, elles vont jusqu'au bout. Vous êtes dans la montagne et vous avez là, au-dessus de vous, un énorme rocher prêt à dégringoler la pente: il dépend de vous de le laisser tranquille ou de précipiter sa chute. Si vous le mettez en branle, impossible ensuite de l'arrêter: il vous écrasera et beaucoup d'autres avec vous. Et si vous ouvrez les portes d'une écluse, essayez ensuite d'arrêter l'eau!

Vous êtes toujours maître d'agir ou de ne pas agir, mais dès le moment où vous décidez d'agir, les forces libérées vous échappent. Quand des agitateurs déclenchent une émeute, ils en perdent très vite le contrôle. C'est pourquoi on dit: « Qui sème le vent récolte la tempête », et cette tempête peut emporter celui-là même qui l'a suscitée. Avant de dire un mot, de jeter un regard, d'écrire une lettre, de donner le signal d'une guerre, on a tous les pouvoirs, mais ensuite c'est fini, on n'est plus que le spectateur, et souvent même la victime.

Comment définir l'expérience mystique ?... Par la prière, la méditation, la contemplation, le mystique s'efforce de capturer l'esprit divin et de le retenir dans son âme. Cette capture se manifeste en lui sous forme d'une illumination, d'un ravissement, d'une extase. Malheureusement ces états supérieurs ne durent pas, il retombe très vite à son niveau de conscience ordinaire et pour les retrouver, il doit renouveler ses efforts.

Seuls les êtres qui possèdent le réceptacle convenable peuvent retenir l'esprit divin. C'est ce réceptacle que l'on a appelé, dans la tradition ésotérique, « la coupe du Graal ». Les alchimistes, eux, qui emploient un autre langage, parlent de « fixer le volatil ». Mais pour fixer le volatil, l'esprit cosmique, il faut le condenser, le matérialiser, et ce n'est possible qu'à condition de travailler en même temps sur le processus inverse, c'est-à-dire « volatiliser le fixe », le corps physique. Tant que le corps physique reste grossier, épais, impur, il ne peut pas vibrer à l'unisson avec l'esprit et il ne parvient donc pas à le retenir.

Nous mangeons, et en mangeant on peut dire que nous transformons la terre… Eh oui, avez-vous pensé au sens profond de cet acte de manger ?

C'est de la terre que l'homme mange, un peu élaborée, bien sûr, sous forme de légumes et de fruits, mais c'est de la terre. Cette terre, il l'absorbe, il la digère, puis la rejette. Indéfiniment il l'absorbe, la digère, la rejette… Mais au-delà de ce processus physique, mécanique, que tout le monde connaît, combien d'échanges se produisent aussi dans les plans subtils ! Cette matière qu'il absorbe donne à l'être humain les éléments qu'elle possède ; et elle reçoit aussi quelque chose de lui, de ses sentiments, de ses pensées, de ses aspirations. C'est pourquoi la terre n'est plus la même que dans le passé lointain, elle est beaucoup plus évoluée, plus subtile, plus intelligente, parce que toutes les créatures qui sont venues s'y incarner ont travaillé sur elle. Et c'est ainsi qu'un jour elle deviendra lumineuse, cristalline, grâce à l'esprit des hommes qui aura travaillé sur elle.

Une maison est faite de différentes pièces ; chaque pièce a au moins une porte avec une serrure et sa clé. On ne peut pas ouvrir toutes les portes avec la même clé, et il faut donc avoir pour chaque serrure la clé qui correspond. Oui, l'importance de la clé !

Dans la vie psychique aussi, il existe différentes clés pour ouvrir ces différentes portes que sont l'intellect, le cœur, la volonté, grâce auxquels nous pensons, sentons et agissons. Il faut trouver ces clés et apprendre à s'en servir. Les trois clés essentielles sont l'amour, la sagesse et la vérité. La sagesse ouvre l'intellect, l'amour ouvre le cœur, et la vérité ouvre la volonté. Quand vous avez un problème, essayez ces clés. Vous ne réussissez pas avec la première ? Essayez la deuxième. La deuxième n'ouvre pas non plus ? Essayez la troisième. Si vous savez vous y prendre, il est impossible qu'une de ces clés ne finisse pas par résoudre votre problème.

3 Juin

Bien que tous les êtres humains soient habités par le besoin d'aimer les autres, de s'entendre avec eux, à la moindre vexation, à la moindre injustice, ils se laissent aller à la haine, à la vengeance. Mais qu'ils se trouvent un jour dans de bonnes conditions, qu'ils rencontrent quelqu'un capable de leur donner un exemple, de leur montrer la voie, ils reçoivent alors des révélations qui les amènent, peu à peu, à comprendre comment ils doivent agir. Cela montre aussi que la manière dont chacun est capable de résoudre pour lui-même le problème du mal ne le concerne pas exclusivement ; elle concerne également tous les autres autour de lui qu'il arrive à influencer par son comportement.

Même dans les pires conditions, vous ne devez jamais cesser de travailler sur vous-même. Et si certains veulent vous nuire, au lieu d'aller régler directement des comptes avec eux, montrez-leur par votre attitude que non seulement ils n'ont pas réussi à vous détruire, mais que grâce à eux vous avez grandi, que vous vous êtes fortifié, et que vous êtes encore plus vivant. Voilà la meilleure des vengeances.

Même les mystiques ont avoué que la recherche de Dieu, de l'absolu, est longue, décevante et qu'ils avaient l'impression de tâtonner dans le vide. Et c'est vrai, on a parfois l'impression de se débattre dans le vide ; mais ce n'est qu'une apparence et il ne faut pas se décourager.

Prenons un exemple. Un homme creuse un puits pour avoir de l'eau et étancher sa soif. Il ne sait pas à quelle profondeur il va la découvrir, et dans cette incertitude il pourrait se décourager. Mais il a l'image, le reflet de cette eau dans sa tête, dans son cœur, dans son âme. Il vit avec l'idée, la pensée, l'espoir de l'eau, et si cette eau ne jaillit pas encore physiquement, elle jaillit au moins en lui. De la même façon, celui qui cherche Dieu, bien qu'en apparence il ne trouve rien, travaille avec une réalité très puissante qui vit en lui. Il peut se dire : « Bien sûr, je n'ai pas encore réellement trouvé Dieu, mais Il se manifeste à travers mes pensées, mes sentiments, mon désir. » Et cette espérance, cette foi, c'est déjà cela, Dieu.

Méditez sur l'image de la source, cette eau cristalline qui jaillit de la terre et ne cesse de couler. Même si quelqu'un y jette quelques saletés, le courant les emporte. C'est ce jaillissement ininterrompu de l'eau qui fait que la source reste toujours pure, vivante.

Alors, prenez la source pour modèle, faites jaillir la vie en vous, faites jaillir l'amour, et vous serez toujours protégé. Même les mauvaises influences, les critiques, les méchancetés, vous ne les sentirez pas. Vous ne vous apercevrez même pas qu'on a essayé de vous salir ou de vous faire du mal, car tout ce qui pourra vous arriver de mauvais, comme la source, vous le rejetterez.

Imaginez un jeune prince qui, dès son plus jeune âge, aurait été confié à des paysans pour faire l'apprentissage des difficultés de la vie. Il ne sait pas qu'il est l'héritier d'un trône, et il va chaque jour au travail vêtu de guenilles, avec tout juste de quoi se nourrir. Des années après, le roi son père, jugeant que son éducation est terminée, envoie toute une délégation pour le chercher et le ramener au palais. Le jeune prince n'y comprend rien, il croit qu'il s'agit d'une erreur. Mais non, on lui explique qu'il a été envoyé chez ces paysans seulement pour apprendre ce que sont le travail, la sobriété, la modestie. Le voici maintenant qui arrive au palais : on lui demande ce qu'il désire pour son repas et il ne réclame qu'un peu de pain, un oignon et de l'eau. Il ne sait pas que le cuisinier royal a préparé tout un festin… Et vous pouvez imaginer la suite de l'histoire.

Et si je vous dis que vous-mêmes vous êtes tous, intérieurement, des princes et des princesses… Oui, car vous êtes tous des fils et des filles de Dieu, et un jour, votre Père céleste qui vous a confiés à des paysans pour être éduqués – eh oui, c'est cela, symboliquement, la vie sur la terre – vous enverra chercher solennellement. Mais évidemment à condition que vous ayez bien travaillé, sinon cet apprentissage chez les paysans pourra durer des incarnations et des incarnations.

Devant certaines destinées humaines on est tenté de se dire : « Mais de telles existences ne riment à rien. Ces êtres qui avaient toutes les possibilités d'apprendre, de comprendre, de faire quelque chose d'utile n'ont rien appris, rien compris, rien fait ! » Eh bien, c'est une erreur. Une vie humaine n'est qu'un maillon d'une longue chaîne. Pour comprendre ce qu'un être vit au cours d'une de ses incarnations, il ne faut pas considérer cette incarnation isolément, mais la relier à toutes les incarnations passées depuis des siècles et des millénaires, et en même temps savoir que cette existence se poursuivra dans le futur.

On se trompe toujours sur la signification à donner au présent, si on ne le replace pas dans cette continuité qui va d'un passé lointain à un futur encore plus lointain. Peut-être ne sait-on pas quel sens donner à la vie d'une personne, mais ce n'est pas une raison pour dire que sa vie n'a pas de sens et qu'il aurait été aussi bien que cette personne n'ait pas vécu.

Tout le monde sait que trop manger est nocif pour la santé. Mais ce dont il faut aussi tenir compte, c'est que celui qui mange plus que nécessaire, s'habitue à prendre ce qui était destiné à d'autres ; et si beaucoup en font autant, certains mangeant trop et d'autres pas assez, il s'ensuit un déséquilibre dans le monde. Tous les malentendus, tous les affrontements ont pour origine la convoitise, l'avidité, le manque de mesure de ceux qui accumulent des richesses (nourriture, terrains, objets) dont les autres sont alors privés. Eh oui, du simple fait de manger on peut tirer toute une morale.

Le besoin de prendre, d'absorber plus qu'il ne leur faut, pousse les êtres à asservir les autres, et même à les supprimer à la moindre résistance ou opposition. C'est donc très tôt qu'il faut maîtriser, mesurer et régler ce besoin de tout accaparer. S'il n'est pas surveillé, il peut prendre des proportions tellement gigantesques dans tous les domaines de l'existence qu'il deviendra la source des plus grandes injustices et des malheurs qui en découlent. Chaque jour, plusieurs fois par jour, les repas doivent être pour vous des occasions de réfléchir à ce problème.

Dans la tradition kabbalistique, les lettres et les sons représentent les éléments dont Dieu s'est servi pour créer le monde. Il existe donc une sorte d'alphabet cosmique, dont les lettres sont symbolisées par les lettres de l'alphabet hébraïque. Ces lettres se tiennent l'une l'autre dans l'univers. Celui qui sait les associer, les ajuster pour former des mots, des phrases, des poèmes, est un véritable scribe.

Le scribe, au sens initiatique du terme, est celui qui sait transposer les éléments de la langue, les lettres de l'alphabet, dans tous les domaines de la vie et particulièrement en lui-même ; il s'efforce d'assembler et d'ordonner ces éléments afin qu'il en résulte une « parole » belle et harmonieuse. Et c'est cela le plus difficile. Quand le désordre apparaît en l'homme, c'est que les « mots » sont mal placés ; il les a mélangés sans science, sans sagesse. Il doit donc apprendre le bon ordre des mots.

Qu'il y ait dans le monde beaucoup de gens très instruits, très exercés intellectuellement, c'est bien. Mais ce n'est pas cela qui sauvera l'humanité, au contraire, car il n'est pas dans la nature de l'intellect de faire preuve de bonté, d'indulgence, de générosité. Souvent, ceux qui ont un intellect vraiment développé tâchent plutôt de tromper les autres, de les dominer, de les exploiter, de les asservir.

Regardez comment se conduisent tous ces gens tellement doués intellectuellement, combien ils se montrent critiques, méprisants, rusés… Vous direz: «Oh, c'est parce qu'ils ont une nature mauvaise.» Non, la faute en est à l'instruction qu'ils ont reçue, parce qu'elle privilégie les valeurs de l'intellect au détriment de celles du cœur et renforce donc la nature inférieure des êtres. Tout ce que l'on apprend aux jeunes, ils peuvent le mettre au service de leur nature inférieure. On leur fournit des armes sans leur donner l'idéal de s'améliorer; alors, évidemment, ils s'en servent pour satisfaire leurs appétits les plus grossiers. Quand se décidera-t-on à leur donner des connaissances qui leur permettront de travailler sur leur nature inférieure pour la dominer?

Jésus disait : *« Mon Père et moi nous sommes un »,* ou encore *« Je suis la résurrection et la vie »,* et pourtant il n'a pas pu se soustraire aux exigences du plan physique : il avait faim, il avait soif, il avait sommeil, il était vulnérable comme le prouvent certains passages des *Évangiles* où il est mentionné qu'il devait fuir pour échapper aux pharisiens qui voulaient le lapider ; et il a, à la fin, ressenti toutes les angoisses et les souffrances de la mort. Oui, si Jésus peut être pour nous un tel exemple, c'est qu'il était fait, comme nous, de matière et d'esprit et qu'il a su comment concilier les deux. S'il avait été « le Fils de Dieu » dans le sens où l'entendent les chrétiens, c'est-à-dire Dieu Lui-même descendu s'incarner sur la terre et non un être humain qui a travaillé à se diviniser, comment pourrions-nous le prendre comme modèle puisqu'il serait d'une autre essence que nous ?

Mais Jésus a dit aussi : *« Soyez parfaits comme votre Père céleste est parfait »,* pour nous apprendre à ne pas nous incliner devant ce que l'on appelle la faiblesse humaine. Et c'est à nous maintenant, dans notre existence, de ne pas confondre le monde de la matière et le monde de l'esprit, et de mettre chacun à la place qui est la sienne, tout en donnant toujours la prépondérance à l'esprit, à la lumière.

Dans les rues d'une grande ville, toutes sortes de gens vont et viennent, et comme chacun suit son chemin, uniquement occupé de ses propres affaires, ils n'ont aucun pouvoir. Mais voici que de cette foule disparate surgit un homme qui prend la parole : sa détermination et son audace font que les passants s'arrêtent, puis s'approchent, l'écoutent et dans certains cas, entraînés par sa force de conviction, ils sont prêts à le suivre pour faire triompher une idée. Dès qu'apparaît une tête, tous se rassemblent autour d'elle, et alors quelle puissance représente cette foule !

Eh bien, vous avez là une image de ce qui se passe en vous. Tous vos organes et les cellules de vos organes se manifestent de façon désordonnée, incohérente, c'est pourquoi vous n'arrivez pas à donner un sens à votre vie ; tout est trop dispersé, disloqué. Décidez-vous à vous présenter devant ce peuple qui vous habite et à lui parler afin de l'entraîner dans une direction divine. « L'union fait la force » ne doit pas être seulement la devise d'une société, d'un pays, mais aussi celle de l'être humain lui-même. Toutes les forces qui sont présentes dans votre conscience, dans votre subconscience, dans toutes vos cellules, vous devez les éveiller et les rassembler pour faire triompher la lumière.

Qu'est-ce qui est le plus important pour la vie d'un arbre ? Ses racines. Le tronc, les branches, les fleurs, les fruits, ne sont que les formes, les couleurs, les saveurs, les parfums à travers lesquels les racines se manifestent. Les racines elles-mêmes sont noires, laides, difformes, mais ce qu'elles produisent est magnifique. S'il n'y avait pas les racines, il n'y aurait ni tronc, ni branches, ni fleurs, ni fruits. Tous ceux qui sont éblouis par l'arbre ne pensent jamais aux racines, combien elles doivent être intelligentes et capables pour pouvoir former une telle splendeur. Elles restent dans l'ombre, on ne parle jamais d'elles, mais si on les abîme, c'en est fini de l'arbre. Tandis que si les racines sont en bon état, même si les branches sont mortes, l'arbre peut renaître. Voilà une question sur laquelle il vaut la peine de réfléchir.

On peut dire qu'en nous les racines sont représentées par le plexus solaire. Tout ce que nous sommes capables de produire et de manifester vient de ces racines : le plexus solaire.

Regardez comment le soleil pénètre la terre, il la fertilise et elle se couvre de fleurs et de fruits. Le monde entier est nourri grâce à cette pénétration de la terre par le soleil. Mais les humains n'ont rien compris de ce grand mystère : ils ont des yeux, mais c'est comme s'ils ne voyaient pas.

Le secret de la puissance, c'est d'arriver à pénétrer les choses et les êtres des rayons de la lumière et de l'amour, comme le soleil. Un Maître, un vrai Maître prend exemple sur le soleil : il envoie son amour à toutes les créatures pour les imprégner, les chauffer. Et vous aussi, si vous voulez vraiment aider ceux que vous aimez, envoyez-leur votre lumière, pénétrez-les des rayons de votre lumière en imaginant que vous imprégnez leur être entier, toutes les particules de leur corps afin qu'ils soient purifiés, vivifiés, ressuscités. C'est cela le véritable amour.

Le jour où vous aurez compris l'importance du travail spirituel, vous vous sentirez tellement riche et comblé que tout ce qui vous viendra de l'extérieur comme difficultés, obstacles… ne vous touchera presque plus. Vous vivrez dans un monde que vous aurez réussi à créer en vous et rien ni personne ne pourra vous faire douter ni vous décourager.

Vous direz : « Oui, mais si les autres ne voient rien de ce que nous faisons, ils ne nous reconnaîtront pas et nous nous sentirons isolés. » Si les humains sont aveugles, insensibles, c'est eux qui sont privés. Mais vous, sachez qu'il y a toujours d'autres créatures, là, dans le monde spirituel, et c'est elles qui viendront visiter cette terre magnifique que, grâce à votre pureté, votre amour, votre lumière, vous aurez aménagée en vous avec des fleurs multicolores et parfumées, des sources mélodieuses. Rien ne dit d'ailleurs que les humains ne finiront pas par se rendre compte un jour de l'existence de ce jardin de paradis. Mais ce n'est pas les humains que vous devez d'abord chercher à satisfaire et à émerveiller, ce sont les entités célestes. Chaque jour demandez-leur : « Aujourd'hui aussi, viendrez-vous me visiter ? »

Suivant les cas, l'orgueil et l'humilité sont considérés soit comme des qualités soit comme des défauts. Qu'en est-il réellement ? Du point de vue spirituel, on peut dire que l'orgueil appauvrit les humains, alors que l'humilité les enrichit. Oui, regardez l'attitude de l'orgueilleux : il se gonfle, se remplit, tandis que l'homme humble se vide, et c'est ce vide justement qui attire la plénitude. Car dès qu'un vide se produit quelque part, une force se précipite pour le combler. Il faut être humble pour attirer le Seigneur, car Il ne peut pas se rendre là où les récipients sont déjà pleins : il faut avoir fait le vide en soi pour qu'Il entre.

Si vous dites : « Mon Dieu, je suis insensé et Tu es la sagesse, je suis pauvre et Tu es la richesse, je suis faible et Tu es la force… », vous êtes déjà en train de faire le vide en vous, et alors le Seigneur se précipite pour vous remplir. Tandis que si vous vous glorifiez de vos vertus et de vos capacités, vous ne recevrez jamais la visite du Seigneur, Il vous dira : « Eh bien, puisque tu es si content de toi, reste comme tu es, tu n'as pas besoin de Moi. »

On entend souvent dire que les desseins de Dieu sont insondables. Cela signifie que même si, en apparence, la destinée d'un être se présente sous l'aspect le plus défavorable, on ne sait pas en fin de compte si ces événements ne vont pas le conduire vers un plus grand bien. Et inversement.

Vous vous liez à tel homme ou telle femme, vous choisissez tel métier, vous allez habiter dans telle ville, vous avez telle maladie… et vous ne savez pas où tout cela vous mènera. Même si votre liaison ou votre métier ne sont pas un succès, même si la maladie vous retient au lit pendant des mois, c'est peut-être la destinée qui, par des chemins détournés, vous conduit vers ce qui en définitive se révélera le meilleur pour vous. Vous ne pouvez pas vous prononcer tant que votre vie n'est pas arrivée à son terme, car c'est par ces voies « insondables », souvent, que le monde invisible vous conduit vers la lumière.

Nombreuses sont dans la vie les occasions où vous pouvez vous sentir méprisé, malmené, rejeté. Bien sûr, c'est douloureux, mais pourquoi vous arrêter là et vous morfondre pendant des heures entières ? Cessez de vous chagriner et commencez un peu à réfléchir. Dites : « Certains m'ont malmené, mais beaucoup d'autres m'aiment, j'ai une famille, j'ai des amis… » Et en admettant même que vous n'en ayez pas, dites-vous que le Seigneur vous aime, que les anges vous aiment. Ainsi, en pensant à vos amis, au monde divin, au Seigneur qui a créé tant de choses belles et bonnes dont vous bénéficiez à chaque moment de l'existence, vous oublierez le mal qu'on vous a fait, jusqu'au jour où vous ne le sentirez même plus.

Chaque parole, chaque attitude blessante des autres à votre égard doit être une occasion de vous exercer. Vous ne pouvez pas les empêcher de dire ou de faire des choses qui vous chagrinent, mais vous avez les moyens de vous en protéger.

Il faut manger pour être en bonne santé ; mais absorber la nourriture ne suffit pas : l'essentiel, c'est de bien l'assimiler. Et pour bien assimiler la nourriture, il faut la mâcher assez longtemps pour extraire tous les éléments qu'elle contient. Oui, la mâcher longtemps et consciemment. Dites-vous que l'énergie contenue dans une bouchée de pain est suffisante pour faire tourner trois fois un train de cent wagons autour de la terre. Alors, pourquoi ce train que vous êtes ne fait-il que quelques mètres avec une bouchée ? Parce que vous n'avez pas su retirer toute l'énergie qu'elle contient.

Et il en est du soleil comme de la nourriture. Par la pensée, tâchez d'apprendre à retenir ses rayons, car tant que vous les laisserez passer sans rien faire, ils resteront inutilisés, inefficaces. Mais si vous les captez consciemment et les comprimez en vous, vous leur ouvrez des portes dans votre cerveau ; ils passeront comme des tourbillons de feu qui alimenteront vos centres spirituels.

Les parents assurent la vie matérielle de leurs enfants, ils leur assurent aussi l'instruction, et ils s'imaginent que ça suffit. Eh bien, non, cela ne suffit pas, et cette illusion ne peut que provoquer des conflits entre les générations. Pourquoi ? Parce que plus tard, lorsque les enfants sont bien instruits, érudits même, et influencés par on ne sait quelle idéologie, ils s'affrontent à leurs parents et leur tiennent des discours auxquels ceux-ci ne comprennent rien… sauf que leurs enfants sont devenus des étrangers pour eux et même parfois des ennemis. Alors, voilà les pauvres parents stupéfaits de voir que leurs enfants se servent de l'instruction, qu'ils ont eu parfois tant de peine à leur donner, pour mieux les mépriser et s'opposer à eux.

De nos jours, on rencontre de plus en plus de tels enfants ingrats et irrespectueux. Mais à qui la faute ? Pourquoi les parents ne les ont-ils pas élevés dans la considération de valeurs supérieures aux facultés intellectuelles ? Pourquoi n'ont-ils pas travaillé à acquérir une lumière et des vertus telles que, malgré tout leur savoir, leurs enfants puissent toujours ressentir du respect pour eux ?

La pensée de l'homme est jour et nuit en activité, jamais elle ne s'arrête. Seulement voilà, cet extraordinaire instrument il ne sait pas l'utiliser, et puisqu'il ne sait pas l'utiliser, non seulement sa pensée ne lui apporte pas grand-chose, mais elle devient pour lui un moyen supplémentaire de se tourmenter et de se détruire.

La pensée est une force, une puissance, un instrument que le Seigneur nous a donné pour nous permettre de devenir comme Lui, créateurs, mais créateurs dans la beauté, dans la lumière, dans la perfection. Par la pensée nous pouvons entrer en contact avec des régions, des matériaux, des quintessences, des créatures, aussi bien dans le monde divin que dans le monde infernal. C'est pourquoi il est tellement important de prendre conscience du pouvoir créateur de la pensée, afin de ne pas aller patauger dans les marécages, mais de devenir des ouvriers dans le champ du Seigneur.

Jésus disait : *« Je suis la lumière du monde. »* Mais dans le « sermon sur la montagne » il a dit aussi à tous ceux qui le suivaient : *« Vous êtes la lumière du monde. »* Ce qu'il a dit pour lui, il l'a donc dit aussi pour nous. La lumière, c'est le feu céleste, et si, à partir de cette étincelle qui habite en nous, notre esprit, nous arrivons peu à peu à illuminer tout notre être, nous posséderons les mêmes puissances, nous apporterons les mêmes bénédictions que la lumière. Il ne sert à rien de se prétendre chrétien, disciple du Christ, si on ne travaille pas à réaliser ce que Jésus a lui-même réalisé pour pouvoir affirmer : *« Je suis la lumière du monde. »*

Maintenant, bien sûr, n'importe qui peut aller prétendre : *« Je suis la lumière du monde » ;* mais s'il n'a pas préalablement fait le travail qui le rend digne de prononcer ces mots, il s'expose à de grands dangers. Eh oui, beaucoup de ceux que l'on dit fous possèdent sans doute une intuition de leur véritable nature divine ; mais il ne suffit pas d'avoir cette intuition et de la proclamer, il faut chercher à la réaliser et, en attendant, rester humble et travailler.

Un homme déclare : « Je me sens fort, malgré leurs manigances les femmes ne peuvent pas me séduire », et il se prend pour un ascète. Mais qu'il se trouve quelque temps parmi de jolies jeunes filles et on verra comment il va agir. Et d'autres qui se prétendent honnêtes et bons, laissez-leur beaucoup d'argent entre les mains, donnez-leur de grands pouvoirs, est-il certain qu'ils n'en profiteront pas pour s'enrichir malhonnêtement ou couper quelques têtes ? Celui qui est véritablement fort, c'est dans les situations où il est le plus exposé aux tentations qu'il montre sa force et qu'il devient même plus fort, plus éclairé, plus noble. Ce sont des formes d'examens, et au lieu de l'ébranler, ces examens lui permettent de découvrir en lui des ressources qu'il ne soupçonnait pas.

Tant qu'un être n'a pas fait ses preuves, on ne peut pas vraiment le connaître, et d'ailleurs lui-même ne se connaît pas non plus. C'est après qu'il se connaît, c'est après qu'il prend conscience de sa force ou de sa faiblesse.

L'argent est évidemment nécessaire, mais du moment que vous avez suffisamment de quoi vivre, il est préférable qu'il reste pour vous une préoccupation très secondaire, sinon vous serez obligé de lui sacrifier tout ce qui est le meilleur en vous. Car supposons que vous arriviez à amasser une fortune, que gagnerez-vous vraiment si votre sensibilité s'est émoussée ? Vous ne pourrez même pas goûter les avantages que votre fortune vous procure, vous ne sentirez plus rien. Vous aurez tout ce que vous voulez, mais vous serez malheureux, car vous aurez anéanti en vous ce quelque chose qui donne à tout ce que l'on goûte les saveurs les plus exquises. Et c'est ça, le malheur : avoir les possibilités de tout obtenir, de tout posséder, et n'en ressentir aucune joie !

Alors, si vous devez choisir entre les deux situations : tout posséder mais avoir perdu la capacité de l'apprécier, ou au contraire posséder très peu et garder le goût, choisissez le goût : la moindre chose vous donnera de la joie.

Le christianisme définit la Sainte Trinité comme le mystère d'un seul Dieu en trois personnes : le Père, le Fils et le Saint-Esprit. Mais ce mystère, on peut facilement l'élucider si on fait appel au soleil. Regardez : le soleil est cette formidable puissance créatrice de vie qui se manifeste par la lumière et par la chaleur, et celui qui est capable d'approfondir ces manifestations découvrira les relations qui existent entre la vie, la lumière et la chaleur du soleil et les trois personnes de la Sainte Trinité. À tous les niveaux de la création, du plan physique au plan divin, on retrouve ces trois principes : vie, lumière et chaleur. Dans le plan spirituel, la vie se manifeste comme sagesse (lumière) et comme amour (chaleur). Ces trois principes vie, sagesse et amour sont des émanations de la Trinité divine, le Père, le Fils et le Saint-Esprit qui sont indissociables comme sont indissociables la vie, la lumière et la chaleur du soleil.

Vous voyez, le mystère d'un seul Dieu en trois personnes n'est pas si difficile à éclaircir. Ce qui reste mystérieux, c'est seulement l'immensité, la splendeur de cette essence primordiale d'où sont issues toutes les existences.

La direction que vous prenez, l'idée pour laquelle vous vivez, vous travaillez, c'est cela qui doit être l'essentiel pour vous. Si vous travaillez pour une idée divine, c'est elle qui vous conduira vers la lumière, la paix, la joie.

Mais enseigne-t-on aux humains tous les bienfaits qu'ils retireront en travaillant pour une idée divine ? Non, on leur enseigne comment gagner de l'argent, satisfaire leurs ambitions et leur goût des plaisirs. Alors les années et les années passent... et un jour ils découvrent que ce qu'ils ont vécu n'était pas la vraie vie. Mais il est un peu tard pour faire cette découverte. Que de temps perdu ! Tandis que pour celui qui avance en nourrissant une idée divine dans sa tête et dans son cœur, cette idée est comme une lumière qui lui montre le but à atteindre en même temps qu'elle éclaire son chemin. Et un jour, malgré les obstacles, il sent qu'il est accueilli dans sa patrie céleste.

Ne dites jamais : « Je connais cette question, je n'ai plus rien à apprendre, à comprendre ! » Car c'est la pire des attitudes pour votre évolution ; en pensant ainsi, vous stagnez, c'est tout. La bonne attitude, c'est de vous dire chaque jour : « Ah ! c'est aujourd'hui enfin, que je commence à comprendre ! Hier encore, je n'étais pas très au clair. » Tout en sachant que le lendemain vous ferez exactement la même constatation.

Combien de gens, par exemple, croient savoir ce qu'est l'amour ! En réalité, ils en connaissent à peine les premiers degrés, les premières manifestations, et ils s'imaginent le connaître ! C'est pourquoi ils sont là, stagnants, ternes, désabusés. L'amour a des millions et des millions de degrés, et chaque jour il faut en parcourir quelques-uns en se disant : « Mon Dieu, je croyais savoir hier ce qu'est l'amour, mais je m'aperçois que je ne le connaissais pas. C'est maintenant enfin que je commence à le connaître »… et le lendemain se dire la même chose.

Quoi qu'il arrive, n'oubliez jamais que les êtres humains sont vos frères et vos sœurs, et cherchez comment les aider et leur manifester votre amour sans rien attendre en retour. Parce qu'en réalité vous avez déjà la récompense : cette dilatation intérieure, cette chaleur qui vous comblent lorsque vous aimez. C'est là une grande récompense, il n'en existe pas de plus grande dans la vie. Votre cœur est alors comme une rivière, une source d'eau vive.

Les humains attendent toujours d'être récompensés pour le bien qu'ils ont fait. Mais celui qui a compris le secret de l'amour n'attend pas, il ne pense même pas qu'on puisse lui donner quelque chose en retour car il goûte déjà un bonheur qui dépasse l'imagination. Comme il ne lui manque rien, il n'attend rien ; il nage dans la joie, il rayonne, et ainsi il gagne la confiance de quantités d'amis. Où trouverez-vous une plus grande récompense que celle-là ?

L'instinct de création est profondément enraciné dans tout être humain. Mais s'il n'a pas développé les facultés qui lui permettent d'entrer en contact avec les mondes supérieurs, ses œuvres ne seront que des copies, des reproductions, et non de véritables créations. Exactement comme lorsque les pères et les mères reproduisent leurs propres faiblesses et déficiences chez leurs enfants : ils appellent cela création, mais en réalité ce n'est qu'une reproduction !

La vraie création fait appel à des éléments de nature spirituelle. L'artiste qui veut créer doit se dépasser, se surpasser, c'est-à-dire que par la prière, par la méditation, la contemplation, il doit s'élever jusqu'aux régions célestes pour y capter des éléments qu'il utilisera dans son travail. C'est à cette condition que ses œuvres posséderont des éléments qui dépasseront le niveau de conscience ordinaire et mériteront vraiment le nom de « création ».

30 Juin

La joie véritable n'a pour cause rien de visible ou de tangible, c'est une joie sans cause, que vous donne la seule sensation d'exister comme âme et comme esprit. Alors, au lieu d'attendre de posséder quelque chose ou quelqu'un pour vous réjouir, faites le contraire : réjouissez-vous de la simple existence des êtres et des choses, car c'est dans cette joie qu'ils vous donnent que vous avez la sensation qu'ils vous appartiennent. Seul ce qui vous donne de la joie vous appartient vraiment, alors que ce qui vous appartient ne vous donne pas nécessairement beaucoup de joie.

Tout ce qui vous réjouit, vous le possédez, et beaucoup mieux que si vous en étiez le propriétaire. Quelle joie vous pouvez ressentir devant la beauté de la nature, le lever du soleil, le ciel étoilé ! Et pourtant ils ne sont pas matériellement à vous. Le plus important n'est donc pas la possession, mais la faculté de se réjouir.

Pourquoi les humains ne cherchent-ils pas à se conduire de manière à s'apporter mutuellement la paix, la confiance, la joie ?... Lorsqu'on marche dans les rues, qu'on entre dans les magasins, le métro ou les gares, on ne croise que des visages ternes, fermés, inexpressifs. Est-ce normal de manifester aussi peu de joie de se rencontrer et de s'infliger les uns aux autres un spectacle tellement prosaïque ? Pourquoi ne pas se montrer plus chaleureux, plus expressif, plus vivant ? C'est cela, la vraie poésie.

Le véritable poète n'est pas celui qui écrit des vers, mais celui qui crée la poésie dans sa propre vie en s'efforçant d'y introduire la pureté, l'amour, la lumière. Oui, c'est dans sa vie qu'il cherche à être inspiré, et lorsqu'il y est parvenu, il communique aussi l'inspiration aux autres en leur apportant cette pureté, cet amour, cette lumière.

Un général lance un ordre d'attaque, il crie : « Feu ! » et en quelques minutes il ne reste plus rien de ce qui était une ville magnifique. Lui-même n'a rien fait, il a seulement prononcé un mot, mais quelle puissance était contenue dans ce mot ! Ou bien un homme, une femme qui compte beaucoup sur vous, mais dont vous ne connaissez pas encore les véritables sentiments, vous dit ou vous écrit un jour ces simples mots : « Je t'aime », et voilà votre vie soudain illuminée ! Pourtant, rien n'a changé, mais tout a changé. L'existence entière est là pour démontrer les pouvoirs de la parole.

Et même, allons plus loin. Pourquoi pensez-vous que les gens parlent, la plupart du temps ? Pour exercer leur pouvoir. Et même quand ils paraissent donner des explications, des informations, souvent ce n'est pas réellement pour expliquer ou informer ; en parlant ou en écrivant, ils veulent surtout produire certains effets : se faire des alliés, susciter la colère, la haine, ou bien endormir la méfiance. Et vous-même, dans quel but utilisez-vous la parole ? Je vous laisse réfléchir sur tout cela…

Vous avez tous des raisons de vous sentir tristes et découragés, mais ne laissez pas la tristesse et le découragement s'installer en vous, essayez toujours de remédier intérieurement aux mauvaises conditions. Même si vous ne pouvez pas changer les événements, ce que vous créez par la pensée est comme une petite graine qui est déjà en train de pousser et qui va porter ses fruits. Et si c'était à cent pour cent que vous deviez être dans le froid ou les ténèbres, au moins vous n'y serez qu'à quatre-vingt-dix-neuf pour cent !

Dites-vous qu'aucun effort intérieur n'est inutile. Vous priez, vous vous concentrez sur une image lumineuse : c'est comme un cri que vous poussez pour qu'on vienne vous sauver, et ce cri ne reste jamais absolument sans réponse.

C'est la nature de leurs besoins qui détermine la destinée des êtres. S'ils sont attirés par le plaisir, le luxe, les jeux de hasard, la drogue et les excès de toutes sortes, leur destinée est toute tracée : la déchéance, la ruine, peut-être même la prison. Tandis que ceux qui ont besoin de se lier au Ciel, de se dévouer aux autres, de progresser sur le chemin de la paix et de la lumière, là aussi, c'est clair : même s'ils rencontrent des obstacles sur leur chemin, ils se dirigent vers la joie, la plénitude.

Chaque besoin, chaque souhait nous met donc sur des rails déterminés. Suivant la nature de ces besoins, les humains sont entraînés vers des régions infestées de guêpes, de serpents, de fauves, où ils laisseront leur peau, ou bien vers les régions célestes où ils rencontreront les esprits de la lumière. La question de la destinée n'est donc pas aussi compliquée qu'on l'imagine. D'après ses penchants, ses goûts, ses désirs, c'est l'homme lui-même qui détermine son point d'arrivée et le chemin qu'il va parcourir avant de l'atteindre.

Pour combien de personnes le mot « sacrifice » est associé à l'idée de perte ! Pourquoi ? Parce qu'elles n'ont pas compris comment et pour quoi elles doivent faire des sacrifices. Le véritable sacrifice n'est jamais une perte, au contraire. Chaque sacrifice que vous faites pour une idée élevée, une idée divine, se transforme en or. C'est cela le secret : l'idée pour laquelle vous travaillez. Si vous travaillez pour vous-même, pour satisfaire vos instincts, vos passions, vos convoitises, tous les efforts que vous faites sont en réalité des énergies perdues. Voilà ce que vous devez savoir : l'importance de l'idée qui est derrière un acte.

Une idée, une idée divine, c'est cela le côté magique, la pierre philosophale qui transforme tout en or. C'est pourquoi je vous dis : travaillez pour que la lumière triomphe dans le monde, pour que tous les êtres humains prennent conscience du lien fraternel qui les unit, pour que le Royaume de Dieu s'installe sur la terre. Tous les sacrifices que vous faites pour cette idée se transforment en or, c'est-à-dire en santé, en beauté, en lumière, en force.

On ne peut pas exiger des humains qu'ils abandonnent du jour au lendemain les expressions matérielles, extérieures de leur religion afin d'adorer Dieu *« en esprit et en vérité »*. La réalisation de cette prophétie faite par Jésus approche, et pour certains elle est déjà réalisée depuis longtemps. Mais il faut comprendre qu'un pareil changement ne peut pas survenir d'un seul coup pour le monde entier.

Quand il s'agit de faits physiques, matériels, tout le monde les vit en même temps. Lorsqu'un concile décrète, par exemple, qu'à partir d'une certaine date, on ne dira plus la messe en latin, en effet à partir de cette date, tous les catholiques constatent le changement. Mais quand Jésus dit : *« Le jour vient où on adorera Dieu en esprit et en vérité »*, il s'agit d'un phénomène de la vie intérieure qui ne peut se réaliser qu'en fonction du degré d'évolution de chacun.

Le jour où les humains auront appris à aimer sans attendre d'être aimés, ils seront libres et ils pourront faire beaucoup avec cette liberté. Mais tiennent-ils tellement à leur liberté ? Ils le disent, bien sûr, mais en réalité ils ne cherchent qu'à s'enchaîner. On dirait même que la liberté leur pèse, qu'elle les ennuie, ils ne savent qu'en faire. Tandis qu'avec la contrainte, les coups même, là au moins il y a de quoi s'occuper : oui, souffrir, se plaindre, pleurer… Eh bien, ce n'est pas très glorieux.

Le disciple doit apprendre à résoudre le problème de l'amour en comprenant que l'essentiel, c'est d'aimer, d'aimer jour et nuit, aimer toutes les créatures, comme le soleil qui envoie son amour à travers l'espace sans se préoccuper de savoir sur qui cet amour va tomber – personne et tout le monde – ni surtout s'il y aura des créatures pour répondre à cet amour. L'essentiel, c'est que cette énergie qui vient du Ciel passe à travers nous, car c'est elle qui nous dilate, nous émerveille, nous inspire. Le jour où vous aurez compris cela et où vous serez capable de le vivre, vous serez véritablement libre.

Dans le mot « magie » la plupart des gens voient quelque chose d'inquiétant, lourd de menaces, et ils ne veulent rien avoir à faire avec cette pratique. Et pourtant tout le monde fait de la magie ; oui, inconsciemment on ne fait même que ça. D'après les critères de la justice divine, chaque mauvaise pensée, chaque mauvais sentiment sont déjà de la magie noire, car ils salissent, ils désagrègent quelque chose. Et inversement, tout ce qui harmonise, construit, embellit, illumine, entre dans la catégorie de la magie blanche.

Alors, plutôt que de prendre des mines horrifiées lorsqu'ils entendent parler de magie, les humains feraient mieux de chercher à comprendre l'importance de chacune de leurs manifestations. Oui, car on voit ainsi beaucoup de gens qui n'ont jamais ouvert un livre de magie noire, qui ne croient même pas que la magie noire puisse exister, mais qui, par leur comportement, leurs pensées, leurs sentiments, leurs paroles, sont en réalité de véritables magiciens noirs.

Apprenez à remercier et vous serez sauvé. Oui, remerciez même si vous n'avez apparemment aucun motif pour cela, même pour les événements désagréables, car c'est la meilleure façon de les transformer. Si vous vous mettez à pousser des cris et à vous révolter, non seulement vous ne changerez rien aux événements, mais vous aggraverez votre souffrance.

Alors, quels que soient les désagréments qui se présentent, dites : « Ô Seigneur, merci, il y a certainement une raison pour que cela m'arrive, je dois avoir encore quelque chose à apprendre. » Vous sentirez alors que vous transformez vos difficultés en or, en pierres précieuses, et elles vous apparaîtront sous un tout autre jour. Essayez, et vous verrez, c'est là une habitude qui vous donnera la possibilité de surmonter plus facilement les épreuves, et de devenir peu à peu, intérieurement, le maître de toutes les situations.

C'est la lumière qui nous avertit de la présence du feu. Oui, car la lumière est le vêtement du feu. Et dans la mesure où tout vêtement est matériel, on peut dire que la lumière est déjà une matière. En haut, dans les régions sublimes, la lumière représente la matière, et le feu représente l'esprit. C'est pourquoi il est dit que Dieu, qui est le Feu primordial, a tout d'abord créé la lumière, et c'est par la lumière qu'Il a ensuite créé le monde. Avant la lumière il y avait le feu, et la lumière est donc la matière de la création.

Vous vous demandez s'il est possible que le feu existe sans la lumière… Oui. Le feu originel, le feu non manifesté n'est pas lumineux. Pour que le feu s'accompagne de lumière, il faut qu'il se manifeste.

La chasteté, la continence sexuelle doivent rester une décision personnelle. Pour ceux qui sont capables de les pratiquer, c'est très bien, mais qu'ils ne s'occupent pas de ce que font les autres, qu'ils les laissent tranquilles ! Il est même dangereux pour eux de prendre une attitude puritaine, cela prouve que leur « pureté » n'est que du refoulement, et une telle attitude peut les conduire très loin dans le déséquilibre ; on a déjà vu beaucoup de cas semblables dans l'histoire. Quand on s'occupe toujours de l'impureté des autres, c'est tout simplement qu'on est malade, psychiquement malade.

Apprenez donc à être large : si le Seigneur ne dit rien, de quoi devez-vous vous mêler ? Le Seigneur est indulgent, généreux, pourquoi êtes-vous tellement étroit ? Soyez indulgent et généreux, vous aussi, et travaillez sur vous-même. Rien ne vous empêche de devenir un modèle de pureté, de sainteté, mais laissez les autres tranquilles, ne vous mêlez pas de leurs affaires. S'ils ont des comptes à rendre, c'est au Ciel qu'ils les rendront un jour, et non à vous.

Vous ne pouvez évoluer et vous épanouir véritablement que si vous travaillez consciemment à former une ambiance collective d'harmonie, d'amour, de paix, de lumière, dans laquelle tous respireront, se nourriront. Seule une ambiance où l'amour et l'harmonie sont là sensibles, palpables, peut apporter quelque chose de bon à chacun. Mais pour être capables de créer cette harmonie, vous devez entrer en relation avec les forces pures et lumineuses qui circulent dans l'espace ; tant que vous n'y arriverez pas, vous continuerez à être exposés aux chocs et aux accidents du monde physique, mais surtout aux chocs et aux accidents du monde psychique.

Donc, le travail, le seul véritable travail qui en vaille la peine, c'est de penser jour et nuit à vous harmoniser avec les forces cosmiques. Vous sentirez enfin que ce qui est négatif en vous est en train de vous quitter et que vous contribuez chaque jour davantage à ce que la lumière et la paix viennent dans le monde.

13 Juillet

S'il est nécessaire de faire tellement de lois pour régir les rapports des humains les uns avec les autres, c'est qu'ils ne sont pas encore habités par l'amour. Quand ils sauront ce qu'est le véritable amour, quand ils vivront dans cet amour, ils n'auront plus besoin que ces lois viennent leur rappeler ce qu'ils peuvent faire ou ne pas faire, ils le feront, car ils trouveront spontanément comment se mettre en harmonie les uns avec les autres.

L'amour est l'unique force qui organise les choses, qui les fait croître et fleurir. Dès que l'amour entre dans une famille, une communauté, une société, il n'y a plus besoin de dire : « Faites ceci, et si vous ne le faites pas, gare à vous ! » Tous exécutent leur tâche avec plaisir. Là où est entré l'amour, la loi n'a plus de place.

Une inquiétude, une tristesse est comme un nuage qui vous traverse et qui vous cache le soleil. À ce moment-là, au lieu d'alimenter ce nuage par des idées noires et de vous plaindre: «Le soleil m'a abandonné», essayez plutôt de vous concentrer sur ce nuage pour le désagréger. Si vous y parvenez, vous constaterez que le soleil (et le soleil est ici une image de la Divinité) est toujours là, présent, et que si vous ne le sentiez plus, c'était à cause des nuages que vous aviez laissés s'accumuler.

Une fois que vous aurez appris à chasser vos nuages, vous pourrez vous exercer à disperser les nuages collectifs qui pèsent sur l'humanité et qui la privent de lumière. Mais oui. Lorsque vous avez mis un grain de blé en terre et que vous avez constaté quel magnifique épi il a donné, vous pouvez alors semer des milliers de grains semblables, vous ne doutez pas de récolter un jour des épis que vous pourrez distribuer. Il en est de même pour le travail intérieur, le travail spirituel. Quand vous avez remporté un succès pour vous-même, vous devenez certain que, grâce à votre travail, vous pouvez aider la collectivité, toute l'humanité.

Tant que les humains n'apprendront pas à entrer dans la situation les uns des autres, ils se rendront toujours coupables des mêmes erreurs de jugement, des mêmes maladresses, des mêmes cruautés et injustices.

Quand on ne sait pas dans quelles conditions se trouve une personne, avant de la juger, de l'accuser, il vaut mieux, pour quelques minutes au moins, essayer d'entrer dans sa situation : souvent, on se rendra compte que, si on était à sa place, on ferait dix fois pire qu'elle. Quelques minutes seulement de cet exercice et on commence à acquérir des qualités de noblesse, de patience, d'indulgence, de douceur. Faites surtout cet exercice avec les personnes qui vous sont désagréables et que vous avez du mal à supporter. Vous verrez : peu à peu leur conduite vous semblera plus compréhensible et vous commencerez même à les aimer.

16 Juillet

« Celui qui aime son père ou sa mère plus que moi n'est pas digne de moi, et celui qui aime son fils ou sa fille plus que moi n'est pas digne de moi. » Ces paroles du Christ ont pu être interprétées par certaines personnes comme une invitation à quitter leur famille sans se préoccuper des souffrances qu'elles allaient lui infliger. Elles se sentaient justifiées : elles suivaient le Christ.

Tout être humain a des devoirs envers ses parents, et s'il fonde une famille il a des devoirs envers sa femme ou son mari, et ses enfants. Le Christ n'a jamais demandé que, pour l'aimer et le servir, on transgresse les lois de la bonté et de la générosité et qu'on fasse souffrir ses proches en les négligeant. Alors, que signifie aimer le Christ plus que son père, sa mère, son fils ou sa fille ? C'est être capable d'étendre son amour au-delà de cette famille, cesser de donner la première place aux conditions matérielles et sociales de cette famille au détriment de la vie spirituelle. Aimer le Christ plus que sa famille afin d'être digne de Lui, c'est se souvenir que nos racines ne sont pas sur la terre, mais dans le Ciel.

Tant que vous ne vous sentirez pas attiré par un monde supérieur d'ordre, de lumière, de beauté, tant que vous n'éprouverez pas un véritable amour pour les entités qui l'habitent, il vous sera impossible de résister aux forces intérieures qui vous tourmentent. La volonté personnelle ne suffit pas ; pour résister, il faut une protection, une aide célestes. Cette protection et cette aide ne peuvent être obtenues que grâce à votre amour pour la perfection. Tant que vous n'avez pas cet amour, il est certain que vous retomberez dans les pièges du plan astral*.

Donc, quand quelqu'un se vante de pouvoir vaincre les tentations, si je vois qu'il n'a pas d'amour pour le monde divin, je peux lui dire : « Tu n'as pas d'associé, tu n'as pas d'ami, tu succomberas. » Avant de vous fixer des objectifs spirituels tellement ambitieux, aimez les entités célestes, invitez-les pour qu'elles soient là, présentes. C'est alors seulement que vos tendances inférieures commenceront à se soumettre : parce que vous aurez près de vous de puissantes alliées.

* Voir note et schéma, p. 372 et 373.

Dans notre corps, ce sont les jambes et les pieds qui correspondent au plan physique. Alors, si vous voulez vous éloigner de ses pesanteurs, vous pouvez faire par la pensée un travail sur vos pieds. Vous vous demandez si je parle sérieusement ? Oui, très sérieusement. Quand vous les lavez, par exemple, habituez-vous à les toucher consciemment, en vous concentrant sur les centres spirituels qui sont situés au-dessus et au-dessous.

Dans la mythologie grecque, le dieu Hermès est représenté avec des ailes aux talons. Hermès est le symbole de l'Initié qui a la possibilité de voyager dans l'espace, car il possède le secret du développement des centres spirituels placés dans les pieds. Tant qu'on ne connaît pas ce secret, on ne peut se libérer du plan physique, on n'est pas autorisé à sortir de son corps pour aller visiter les autres mondes.

Pour apprendre, se développer et acquérir la connaissance, l'homme a le choix entre deux chemins : celui de la matière et celui de l'esprit. S'il suit le chemin de la matière, il est comme l'eau qui descend des sommets : au fur et à mesure de sa descente elle se pollue, puis elle se purifie en s'infiltrant dans le sol dont elle traverse les couches souterraines pour réapparaître un jour, bien plus tard, comme eau de source. Ce cheminement est très long et pénible ; c'est celui de l'homme ordinaire qui, pour évoluer, doit traverser des épreuves et souffrir.

L'autre chemin est celui de l'Initiation. L'Initié est celui qui a voulu connaître en s'élevant, comme le feu, à la rencontre du ciel. Ce chemin nécessite un grand travail, de grands efforts, mais ces efforts faits pour s'arracher aux pesanteurs et aux souillures de la terre sont source de joie. L'Initié qui a pris ce chemin ascendant se fusionne avec l'Esprit Saint, il entre dans l'éternité.

Pour attirer les entités angéliques et les retenir, nous devons créer autour de nous une atmosphère très pure. Le moment le plus favorable pour ce travail est le lever du soleil.

Au fur et à mesure qu'il monte à l'horizon, le soleil change de couleur. Quand il apparaît, il est rouge, puis orange, puis jaune, et suivant la qualité de l'air, il peut prendre aussi des nuances de vert, de bleu, de violet. Et enfin il devient blanc, incandescent. En s'élevant dans le ciel, le soleil chante toute la gamme des couleurs, et chacune d'elles émet un son. Alors, quelle symphonie quand il arrive au blanc éclatant ! Dans cette symphonie, dans ces éclats de lumière, notre aura se purifie, se renforce et vibre plus intensément ; elle lance des signaux aux entités angéliques qui sentent qu'elles sont invitées à une fête. Elles accourent pour y participer et, comme tous les invités qui se rendent à une fête, elles apportent des présents.

Qu'est-ce que le présent ? Un moment où nous pouvons utiliser le passé et anticiper l'avenir. Mais pour le spiritualiste, le passé et le présent ne sont pas n'importe quel passé ni n'importe quel présent. Par passé, j'entends seulement ce qui appartient à cette tradition véridique dont l'essentiel se transmet, intact, depuis des temps immémoriaux. Et l'avenir, c'est tous les éléments qui viendront s'ajouter dans le sens de l'universalité. Car l'avenir, l'avenir véritable va dans le sens des valeurs universelles, fraternelles.

Le spiritualiste doit donc vivre dans le présent avec toutes les acquisitions du passé, mais en même temps se projeter dans l'avenir, avec toute l'immensité de son âme et de toute la puissance de son esprit. C'est cela une vie riche, la plénitude.

22 *Juillet*

Vous rencontrez une difficulté, un désagrément, quelqu'un vous a vexé, etc. ; au lieu de vous laisser aller à l'irritation ou au découragement, essayez de vous servir de la puissance du sourire.

Vous direz : « La puissance du sourire ? Mais qu'est-ce que c'est ? Sourire aux autres ? » Non, pas nécessairement. « Mais alors, quoi ? » Même si vous êtes seul, essayez de sourire, comme ça, pour montrer que vous êtes au-dessus de toutes les difficultés. Pensez qu'au plus profond de vous, vous êtes invulnérable, immortel, éternel, et en passant devant une glace, donnez-vous un sourire… Ce sourire sera peut-être d'abord un peu tordu, mais ça ne fait rien, c'est déjà le commencement de quelque chose ! Du moment que vous avez décidé de vous mettre dans de bonnes dispositions, vous arriverez plus facilement à surmonter vos contrariétés.

Le Maître Peter Deunov, en Bulgarie, nous demandait de ne pas jeter les noyaux des fruits que nous avions mangés, mais de les planter. Et je vous conseillerai la même chose. Si vous n'avez pas de jardin, plantez-les où vous pourrez, cela ne fait rien. L'essentiel, c'est que vous preniez conscience qu'un noyau est une créature qui a besoin de donner naissance au germe vivant qu'elle porte en elle ; elle souffre de garder emprisonné dans le bois ce germe qui va périr faute d'un terrain favorable, alors qu'il ne demande qu'à continuer à vivre.

Évidemment, tous les noyaux mis en terre ne donnent pas naissance à des arbres, mais le but principal de cet exercice est de vous rendre de plus en plus conscient que vous avez intérieurement d'autres noyaux à planter : des idées, des pensées, des sentiments. Lorsqu'ils produiront des fruits, non seulement vous serez dans l'abondance, mais vous pourrez nourrir des quantités de créatures.

Être riche… Bien sûr, qui ne désire pas la richesse ? Seulement, ce n'est pas tellement la richesse matérielle qu'il est souhaitable de rechercher, car pour cela on est toujours plus ou moins obligé d'évincer le voisin ou un concurrent, ou même de commettre quelques malhonnêtetés. La terre est limitée, l'espace est limité, les ressources sont limitées ; c'est donc toujours aux dépens des autres que l'on s'enrichit. Et rien ne dit qu'un jour on arrivera à se sentir véritablement comblé.

Alors, ne cherchez pas tellement la richesse du côté de la terre. Regardez vers le Ciel : il est tellement vaste, immense, infini ! Vous pourrez toujours y puiser, vous ne diminuerez en rien cette immensité, cet océan inépuisable, vous ne léserez les intérêts de personne. Et une fois que vous vous serez enrichi, même si vous distribuez ces richesses spirituelles aux autres, vous ne vous appauvrirez pas, vous vivrez toujours dans l'abondance.

Les Initiés de l'Inde ont résumé le travail d'identification de l'homme avec la Divinité par la formule « Moi, c'est Lui ». Ce qui signifie que Lui seul, le Seigneur, existe ; moi, je n'existe pas, ou je n'existe que comme son reflet, son ombre. Tant que l'homme ne connaît pas sa véritable réalité, il s'identifie au corps physique, à ses sentiments, à ses pensées, sans savoir qu'ils ne sont pas la vraie réalité. C'est cette ignorance qui le maintient dans la faiblesse et la maladie.

Aucun être humain n'existe en tant que créature séparée : nous faisons partie du Seigneur qui seul possède une existence propre. Dieu seul existe, et nous sommes une projection de Lui. Alors, quand nous disons : « Moi, c'est Lui », nous nous lions à Lui, nous nous approchons de Lui jusqu'à devenir un jour comme Lui. Depuis des milliers d'années, l'histoire nous transmet le témoignage d'êtres qui sont arrivés à s'identifier au Seigneur, et ils ont reçu la lumière, les vrais pouvoirs, ils ont goûté l'extase.

Une bénédiction est un rite par lequel des objets, des êtres, sont placés sous l'influence ou la protection céleste, et elle tient encore une place importante dans les cérémonies religieuses. Évidemment, on peut se poser des questions concernant son efficacité. En réalité, cela dépend de celui qui la donne et, quand il s'agit d'un être humain, de celui qui la reçoit.

Le mot bénédiction signifie : dire de bonnes choses, dans le sens de : dire des paroles qui apportent le bien. La véritable bénédiction est donc un acte de magie blanche, et celui qui fait ce geste doit être pur, désintéressé, maître de lui, sinon ce n'est que de la comédie. Quant à celui qui reçoit cette bénédiction, il faut au moins qu'il soit réceptif, désireux de s'améliorer et de travailler pour le bien. Tant que ces conditions ne sont pas remplies, la bénédiction ne sert à rien. Malgré cela, il est toujours bon de garder ce rite avec l'espoir qu'un jour, les humains prenant conscience de sa signification, elle deviendra une parole et un geste efficaces.

27 Juillet

Prendre le chemin vers les hauteurs est le seul moyen de conquérir notre liberté. Et prendre le chemin vers les hauteurs c'est, à chaque moment de la journée, s'efforcer d'accomplir la volonté de Dieu. La liberté n'existe pas en dehors de la soumission à Dieu, Celui que les Psaumes appellent le Très-Haut et qui est la Puissance, la Sagesse, l'Amour.

En se séparant du Créateur, que ce soit consciemment ou inconsciemment, l'homme croit devenir libre : en réalité il devient l'esclave des entités inférieures qui ont intérêt à le séduire pour le dominer, comme l'a fait le serpent qui a entraîné Adam et Ève hors du Paradis. Car ce que la *Genèse* appelle « le serpent » est une expression symbolique pour désigner toute une catégorie d'êtres malfaisants qui, s'étant révoltés contre Dieu, ont voulu entraîner les humains dans leur rébellion. Maintenant, pour retrouver notre liberté, nous devons nous lier aux entités lumineuses qui sont restées fidèles au Seigneur : elles nous aideront à reprendre le chemin vers les sommets.

Si vous saviez vous observer, vous constateriez que la plus grande partie de votre vie affective est faite d'échanges subtils et que ce sont ces échanges qui vous nourrissent. En sortant de chez vous le matin vous rencontrez des hommes et des femmes pour qui vous avez de l'amitié, de la sympathie ou de l'admiration : vous les saluez, ils vous rendent votre salut et vous êtes heureux. Ces échanges se font par l'intermédiaire de votre cœur, de votre intellect, de votre âme et de votre esprit.

Vous direz que vous n'avez pas tellement l'occasion de rencontrer physiquement des hommes et des femmes qui vous inspirent ces sentiments d'amitié ou d'admiration… Qu'importe ? Vous pouvez les entendre à la radio ou les voir à la télévision. Et il y a aussi les livres que vous lisez, la musique que vous écoutez, les œuvres d'art que vous contemplez et qui vous émerveillent. Est-ce que ce ne sont pas des échanges que vous faites avec des créatures ? Par leurs chefs-d'œuvre les artistes vous donnent quelque chose, et vous, par votre admiration, par votre amour, vous leur rendez quelque chose. Bien sûr, beaucoup sont morts, mais leur âme et leur esprit qui ont créé ces chefs-d'œuvre sont immortels et vous continuez à communier avec eux.

Tout ce qui existe dans l'univers, depuis les pierres et les plantes jusqu'aux Archanges et jusqu'à Dieu, oui, tout ce qui existe dans l'univers existe aussi en l'homme. Dans notre corps physique même, tous les éléments de la création sont présents. Rien ne manque, et c'est pourquoi nous pouvons progresser jusqu'à l'infini, rien ne peut nous arrêter.

Pour réaliser ces progrès, il y a une condition à remplir : travailler sur notre matière, notre matière psychique mais aussi notre matière physique, afin de les purifier, les rendre souples, malléables, vibrantes jusqu'à ce qu'elles arrivent à exprimer le monde divin. C'est ainsi que nous nous manifesterons un jour en plénitude tels que nous sommes en haut, dans le monde divin, dans notre Moi supérieur.

30 Juillet

Le mal entretient avec le bien des relations identiques à celles que la matière entretient avec l'esprit. De même que l'esprit a besoin de la matière pour se manifester, de même le bien a besoin du mal, sinon il s'endort, il n'a rien pour le stimuler. Le mal excite le bien, et le bien se projette alors sur la matière du mal comme sur un écran. C'est grâce au mal que le bien est bien ; sans le mal on ne connaîtrait pas le bien. Si on veut anéantir le mal, le bien sera anéanti aussi. Dans certains cas on peut même dire que le mal est la racine du bien.

Cela ne veut évidemment pas dire qu'il faut favoriser le mal, il n'en a pas besoin, il est suffisamment fort tel qu'il est. Nous devons seulement savoir qu'il est inévitable et apprendre à l'utiliser. On ne peut pas évoluer, on ne peut pas devenir un être supérieur si on ne rencontre pas le mal sous la forme d'obstacles, d'épreuves. Donc, réjouissez-vous, vous serez toujours stimulés, toujours inspirés et vivants, parce que le mal sera toujours là : vous aurez toujours des ennuis, il y aura toujours des mouches, des guêpes, des serpents et des gens méchants, et c'est à vous de les utiliser pour le bien !

La jeunesse, qui est curieuse, audacieuse, ne craint pas de se lancer dans toutes sortes d'expériences qui peuvent nuire à sa santé physique et psychique. Et lorsque des parents, des adultes plus sages, essaient de la retenir, elle les traite de gens étroits, limités, bigots, qui veulent l'empêcher de faire des expériences pour connaître la vie.

Connaître la vie… Les jeunes ne savent pas que pour connaître la vraie vie, il y a d'autres expériences à faire. Ou s'ils le savent, il leur suffit que d'autres les aient faites : des philosophes, des mystiques, des saints… Ils les admirent, d'ailleurs, ils les citent, mais il n'est pas question de les imiter. Ils imitent de préférence tous ceux qui se sont brûlé les ailes. Est-ce bien raisonnable ? Ne vaudrait-il pas mieux qu'ils se contentent de citations quand il s'agit des aventures lamentables de toutes sortes de personnes qui ont mal fini (la littérature et l'histoire en sont pleines), et qu'ils essaient de vivre les expériences des êtres exceptionnels qui nous ont montré le chemin du Ciel ?

« Un enseignement spirituel… combien je voudrais pouvoir le suivre ! » disent beaucoup de personnes. Mais elles ajoutent aussitôt qu'elles doivent encore attendre, car il faut qu'elles s'acquittent de certaines tâches auprès de leur mari, ou de leur femme, de leurs enfants, etc. Eh bien, après dix ans, vingt ans, elles n'ont pas encore réussi à se libérer, et même certaines sont déjà mortes sans avoir réussi à consacrer une minute à la vie spirituelle. Pourquoi ? Parce qu'on n'arrive jamais à régler définitivement les affaires matérielles. C'est exactement comme si on essayait de redonner sa forme sphérique à une balle de caoutchouc qui a été percée : quand on arrive à supprimer le creux d'un côté, il se reforme de l'autre.

Quoi que vous fassiez dans le domaine matériel, rien n'est jamais définitivement au point. Vous croyez être tranquille parce que vous avez marié votre fille. Mais voilà qu'elle ne s'entend pas avec son mari et il est question de divorce, et alors, quelle histoire ! Ou bien ce sont les petits-enfants qui commencent à arriver, et ainsi de suite… N'attendez donc pas pour vivre la vie spirituelle. Vivez-la tout de suite, en sachant aussi que grâce à elle vous trouverez les meilleures solutions aux problèmes qui se présentent à vous chaque jour.

Après une prière, après un moment de méditation, après un contact avec la lumière, il vous arrive de vous sentir comblé. Extérieurement, objectivement, il ne s'est rien produit, en apparence vous n'avez rien reçu, et pourtant vous êtes dans la plénitude. Oui, parce que c'est votre âme et votre esprit qui se sont nourris, abreuvés.

Et dans ces « restaurants » de l'âme et de l'esprit, ce n'est pas comme dans le plan physique où plusieurs fois par jour vous êtes obligé de manger et de boire pour ne pas être affamé, assoiffé et sans force. La nourriture que vous prenez dans les régions sublimes de l'âme et de l'esprit vous rassasie et vous désaltère pendant des jours et des jours. Car le monde divin contient des éléments d'une telle richesse que si vous arrivez une fois seulement à les capter, la sensation de plénitude qu'ils vous donnent ne vous quitte plus, rien ne peut vous enlever cette certitude d'avoir goûté l'éternité.

Vous avez toujours tendance à considérer les difficultés comme des empêchements. En réalité, c'est souvent dans les conditions difficiles que l'homme a les plus grandes possibilités de croissance, et cela justement parce qu'il est à l'étroit. Observez comment l'arbre de la forêt résout ce problème. Dans une forêt, tous les arbres sont tellement serrés que si l'un d'eux veut s'étaler, les autres l'en empêchent. Cet arbre se dit alors : « Ce sont là de mauvaises conditions pour mon développement, mais je vais trouver une solution… » Il ne peut se déployer en largeur, c'est vrai, mais rien ne l'empêche de s'élancer vers le haut. Dans cette direction l'espace est libre, il ne rencontre plus d'obstacles.

Il en est de même pour l'être humain. Quand il ne peut plus aller ni en avant, ni en arrière, ni par côté, il ne lui reste qu'à se diriger vers le haut, c'est-à-dire à s'élancer vers le monde spirituel, car dans cette direction nul ne peut s'opposer à ses aspirations.

Dans tous les domaines on rencontre des êtres qui manifestent précocement de telles aptitudes qu'on les considère comme des prodiges. Mais l'explication est simple. Ceux qui ont travaillé dans une vie passée, qui ont exercé longuement, patiemment leurs dons artistiques, intellectuels, scientifiques, reviennent dans cette incarnation avec des facultés qu'ils peuvent déjà manifester très jeunes ; et tandis qu'il faut des mois et des années aux autres pour apprendre une langue ou un instrument de musique, par exemple, ils font, eux, des progrès fulgurants. Ils ont semé, ils ont planté, et maintenant ils récoltent les fruits de leur travail.

On raconte qu'un jeune homme alla un jour voir Mozart et lui demanda des conseils pour écrire des symphonies. Mozart le regarda et répondit : « Vous êtes très jeune, vous devriez commencer par écrire des menuets. – Comment ? Je suis très jeune ? Vous, à douze ans, vous en aviez déjà écrit, des symphonies ! – Oui, mais moi je n'ai jamais demandé à personne comment faire. » Voilà toute la différence entre ceux qui ont travaillé dans une précédente incarnation et ceux qui n'ont pas encore vraiment commencé.

La maîtrise des gestes commence par une prise de conscience. Voici un exercice très simple, mais très précieux. Ouvrez votre main droite, concentrez votre pensée en son centre, puis doucement, lentement, repliez les doigts en appliquant toute votre attention sur ce mouvement jusqu'à ce que vous ayez fermé le poing. Arrêtez-vous un moment et concentrez votre énergie dans le poing, puis lentement, desserrez les doigts et ouvrez la main…

Faites cet exercice en y mettant toute votre conscience, vous verrez que peu à peu vous parviendrez à une grande maîtrise de vos gestes. Faire cet exercice une fois suffit, vous ne deviendrez pas plus fort en le faisant vingt fois de suite, mais faites-le chaque jour, et comme il faut.

Le travail de transformation spirituelle ne doit pas se limiter au plan des pensées et des sentiments, mais toucher aussi le corps physique. De l'Initié qui y parvient on dit qu'il est transfiguré. Jésus sur le Mont Thabor a vécu une telle transfiguration : *« Six jours après,* dit l'Évangile, *Jésus prit avec lui Pierre, Jacques et Jean, son frère, et il les conduisit à l'écart sur une haute montagne. Il fut transfiguré devant eux ; son visage resplendit comme le soleil et ses vêtements devinrent blancs comme la lumière. Et voici, Moïse et Élie leur apparurent s'entretenant avec lui. »*

Jésus a ainsi révélé à ses disciples comment le corps physique peut lui aussi devenir lumière par la puissance de l'esprit, par la puissance de l'amour. C'était la plus grande révélation qu'il pouvait faire à ceux qu'il avait élus. Dans ce moment particulièrement solennel, la présence de Moïse et d'Élie était très significative, car Moïse représentait la Loi que Jésus venait parachever et accomplir. Quant à Élie, c'était lui qui avait annoncé le Messie et qui s'était réincarné en la personne de Jean-Baptiste pour préparer sa venue.

7 Août

Nous devons accepter patiemment les difficultés et les souffrances que nous rencontrons dans notre vie, car elles nous sont imposées par des Êtres supérieurs qui agissent avec justice. Il ne sert à rien de se révolter contre la justice divine, sauf à aggraver ses peines, comme cela se passe pour les punitions terrestres.

Si un détenu s'échappe de la prison où ses fautes l'ont conduit, on le rattrape, on lui fait réintégrer sa cellule, et il est soumis à un régime plus sévère. Les lois humaines sont le reflet des lois divines. Si nous nous révoltons et ne voulons pas accepter la destinée qui a été fixée pour nous en accord avec les lois de la justice divine, nous souffrirons davantage : la justice nous oblige à entrer de nouveau dans la prison (nos difficultés) et nous y restons plus longtemps. Il n'existe qu'une manière acceptable d'accélérer sa libération, c'est d'avoir la volonté de réparer ses erreurs, de chercher à progresser et de se mettre au service du Seigneur.

Il n'y a pas si longtemps encore que, dans nos pays, les hommes, et les femmes surtout, ne prenaient des bains de mer que dans des vêtements qui leur couvraient presque tout le corps. Mais maintenant qu'il n'existe plus tellement de tabous concernant la nudité, de plus en plus de gens pratiquent le nudisme. Il n'y a rien là de mauvais, bien sûr ; s'exposer à l'air et au soleil est bon pour le corps physique. Mais cela ne suffit pas et la nudité devrait être comprise et pratiquée autrement qu'elle ne l'est aujourd'hui. Elle devrait s'accompagner d'une nouvelle conception du corps, d'une discipline appropriée pour que les humains deviennent physiquement et psychiquement plus beaux, plus expressifs… Sinon quel intérêt ? Il est préférable de rester vêtu, les vêtements servent au moins à cacher les imperfections.

Une nouvelle culture est nécessaire pour que les humains prennent conscience de la fonction, de la mission de leur corps, qui est d'exprimer les qualités de leur vie psychique. Quand ils auront compris combien il est important de maîtriser leurs instincts, leurs passions, leurs convoitises, ils se construiront des corps sains, harmonieux, capables de refléter la beauté de leur être intérieur.

Tels qu'ils arrivent dans notre cuisine ou sur notre table, les aliments ne sont pas vraiment prêts à être absorbés par notre organisme. Oui, même lavée, cuite, assaisonnée, préparée, la nourriture est encore une matière étrangère : elle ne vibre pas à l'unisson avec nous, et nous devons l'apprivoiser, la rendre amie.

Pourquoi croyez-vous que j'insiste tellement pour que vous mangiez dans le silence, avec attention, amour, reconnaissance ? Parce que ce sont des états de conscience qui agissent sur la nourriture. Et c'est aussi, dans toutes les religions, le sens des prières, des rites de bénédiction avant les repas. Ces bénédictions n'ajoutent aux aliments aucune qualité nutritive, elles servent seulement à influencer la nourriture pour qu'elle soit bien acceptée par ceux qui vont la prendre, pour qu'elle entre en harmonie avec leurs propres vibrations et nourrisse aussi leurs corps subtils.

10 Août

Le lever du soleil… Cet événement grandiose qui se produit là, sous vos yeux, même s'il vous est pénible de vous lever tôt le matin, même si vous somnolez à moitié, cela vaut la peine d'y assister. Vous direz que dans ces conditions vous n'en retirerez rien. Détrompez-vous : malgré vous, en dehors de votre conscience, il se fait un travail dont les effets apparaîtront plus tard, et vous en serez vous-même étonné.

Lorsqu'une personne a vécu dans son enfance des scènes de violence, des événements tragiques, elle n'était pas encore en âge de comprendre ce qui se passait, mais un jour, ces drames commencent à ressortir sous forme d'angoisses, de troubles du comportement très difficiles à guérir. Que l'on comprenne ou ne comprenne pas, tout s'enregistre et peut revenir un jour à la surface. C'est pourquoi, même si vous ne « comprenez » rien à ce phénomène cosmique qu'est un lever du soleil, mettez-vous dans de bonnes conditions, et nécessairement, votre esprit, votre âme, votre corps absorberont quelques éléments, qui se manifesteront plus tard en vous comme harmonie, paix et lumière.

Vous trouvez que quelqu'un de votre entourage agit mal… Si vous pensez que vous devez intervenir, ne commencez pas par user de sévérité à son égard, mais donnez-lui des explications pour lui faire comprendre comment il doit désormais agir dans son intérêt et celui des autres. S'il ne comprend pas, essayez de toucher son cœur. Et si, là encore, la méthode ne réussit pas, vous avez alors le droit de vous montrer sévère. C'est ainsi qu'agit un Maître spirituel. Quand il voit que quelqu'un ne se conduit pas correctement, il commence par lui donner des explications, et il attend. S'il voit que l'autre ne comprend pas, qu'il ne tient aucun compte de ce qu'il lui a expliqué, il essaie de toucher son cœur. Si cette méthode ne réussit pas non plus, c'est alors seulement qu'il prend des mesures plus sévères.

Nous ne sommes justifiés de manifester la sévérité qu'à condition d'avoir d'abord essayé les autres méthodes. Si nous sommes durs dès le commencement, les personnes auront le droit de nous reprocher cette dureté et nous ne gagnerons rien.

Par nos cinq sens nous communiquons avec le monde extérieur et nous pouvons agir sur lui ; et inversement les organes des sens sont comme des portes par lesquelles le monde extérieur parvient jusqu'à notre âme. C'est pourquoi il est tellement important de surveiller ce qui entre ainsi en nous.

Prenons seulement l'exemple de la musique. Qui connaît l'influence des sons sur la vie profonde des êtres ? Les humains exposent leurs oreilles à n'importe quelle musique, sans se préoccuper des effets qu'elle aura sur eux, et à l'heure actuelle on entend de telles cacophonies ! Alors, soyez vigilant, et apprenez à travailler avec la musique pour enrichir votre vie spirituelle. Quand vous sentez qu'une musique vous purifie, vous éclaire, vous renforce, qu'elle vous permet d'ajuster et d'unifier les éléments de votre être intérieur, tâchez de l'utiliser pleinement. Maintenez dans votre tête, dans votre cœur, dans votre âme une image, une lumière, une pensée élevée, et la musique sera là pour vous aider, vous entraîner, et vous projeter vers le Ciel.

De personnes vulnérables, qu'un rien peut blesser, on dit qu'elles sont sensibles. Non, la véritable sensibilité est une ouverture totale au monde divin, c'est-à-dire à la beauté, à l'amour, à la vérité, et une fermeture à tout ce qui est négatif et ténébreux. La sensibilité aux vexations, aux offenses n'est en réalité que de la susceptibilité et de la sensiblerie. Et que reste-t-il à tous ces pauvres malheureux pour qui ni le Ciel, ni les anges, ni la beauté n'existent, mais seulement les gens méchants et injustes dont ils se plaignent jour et nuit ?

Il ne faut pas confondre la sensibilité et la sensiblerie qui n'est qu'une manifestation maladive de la sensibilité. La véritable sensibilité, au contraire, est un degré supérieur de l'évolution qui met l'homme en relation avec les régions célestes et lui permet de vibrer à l'unisson avec elles.

Notre vie quotidienne est faite de nombreuses activités que nous jugeons prosaïques, mais à ces activités prosaïques il est toujours possible de donner une dimension spirituelle. Vous voulez, par exemple, prendre un bain : pourquoi vous contenter d'un bain physique qui vous débarrassera seulement de quelques petites saletés ? Il faut que ce soit aussi un bain qui vous lave dans tous les domaines, un bain qui vous purifie. Alors, avant d'entrer dans l'eau, adressez-vous à elle, à ses habitants, dites-leur : « Créatures qui vivez dans cette eau, je suis heureux de prendre contact avec vous aujourd'hui, parce que je sais que Dieu vous a donné le pouvoir d'ôter les impuretés de tout mon être. C'est pourquoi je m'adresse à vous afin que vous puissiez faire un travail sur moi. » Et vous touchez l'eau, vous la bénissez, vous invoquez la puissance de Dieu sur l'eau, la lumière de Dieu, la pureté de Dieu.

En parlant ainsi à l'eau comme à un élément très précieux qui abrite des créatures d'une grande pureté, vous entrez déjà en contact avec elle sur les autres plans, et quand vous commencez à vous laver, vous arrivez à atteindre aussi vos corps éthérique, astral et mental.* Vous vous sentez dégagé de toutes les impuretés psychiques que vous avez accumulées, et après ce bain vous êtes prêt à vous remettre au travail avec des forces nouvelles.

* Voir note et schéma, p. 372 et 373.

Le limité ne peut comprendre l'illimité ; donc, l'homme, qui est limité, ne peut connaître Dieu, l'Illimité. Ou, plus exactement, il ne peut Le connaître aussi longtemps qu'il reste en dehors de Lui. Il ne Le connaîtra que lorsqu'il entrera dans cette immensité, fusionnera avec elle et en fera partie. Tant qu'une goutte d'eau est séparée de l'océan, elle ne peut connaître l'océan ; mais quand elle retourne à l'océan, on ne peut plus l'en séparer, elle est devenue l'océan, elle le connaît.

Vous direz : « Mais l'homme est dans l'univers, il en fait partie, il n'est pas séparé de cet illimité, de cet infini qu'est Dieu. » Oui, mais il n'en est pas conscient. Et même, souvent c'est consciemment qu'il se sépare de Dieu pour vivre sa vie personnelle, retranché de la conscience cosmique et déclarer ensuite que Dieu n'existe pas. Donc, si vous voulez connaître Dieu, vous devez consciemment vous fondre en Lui, vous perdre en Lui. Vous Le connaîtrez parce que vous deviendrez Lui, vous serez Lui.

Osgoode Station !

16 Août

Tous les mois vous voyez la lune croître et décroître dans le ciel. Ces phases de la lune croissante ou décroissante, savez-vous que vous pouvez les utiliser ? Oui, car vous avez là de bonnes conditions pour réussir dans vos entreprises aussi bien matérielles que spirituelles.

Pour construire quelque chose, pour commencer quelque chose d'important il faut toujours choisir la période de la lune croissante parce que, d'après la loi de l'analogie qui régit l'univers, la période où la lune se remplit est celle où le processus de croissance est favorisé dans la nature. Le projet lui-même, vous pouvez le faire à n'importe quelle période, mais une fois la décision prise, la réalisation doit commencer en lune croissante. Et si vous voulez mettre un terme à une entreprise, mieux vaut le faire en lune décroissante. La lune est liée à la réalisation dans la matière, soit pour entreprendre, soit pour terminer. Celui qui travaille d'après les phases de la lune agit en accord avec les lois de la nature, et elles soutiennent son travail.

On ne peut pas nier que beaucoup de gens éprouvent de l'affection, de l'amour les uns pour les autres, mais en même temps ils sont tellement égoïstes qu'ils ne voient pas combien ils sont en train de les faire souffrir. Et alors voilà les drames, les ruptures dans les familles.

Prenons l'exemple d'un homme qui, entièrement accaparé par sa vie professionnelle, comme cela arrive si souvent de nos jours, passe son temps hors de chez lui en voyages, en réunions… Quand il rentre, fatigué, préoccupé, de mauvaise humeur même, il se laisse tomber sur un fauteuil et se plonge dans le journal pour bien faire comprendre à sa femme qu'il ne veut pas être embêté par les problèmes de la maison, des enfants, etc. Il pourrait voir, par toutes sortes de signes, que sa femme commence à se lasser de cette situation, et que ses enfants souffrent aussi. Mais non, il ne voit rien : sa femme est là, ses enfants sont là, ses meubles sont là, tout va bien. Jusqu'au soir où, en rentrant chez lui, il découvre, stupéfait, que sa femme est partie en emmenant les enfants… ou en les laissant ! Et il ne comprend pas. C'est un choc terrible dont il n'arrive pas à se remettre, il est effondré, et il va chez le psychanalyste… ou bien consulte des clairvoyants pour savoir si sa femme reviendra ! Depuis des années, il avait tout sous les yeux pour voir ce qui risquait de se produire, mais son égoïsme l'a empêché de voir.

Si le rire des enfants est tellement agréable à entendre, c'est qu'il est l'expression de la vie. Les enfants sont continuellement traversés par des courants qui contribuent à leur développement physique, affectif, mental ; leurs réservoirs se remplissent d'énergies et leur rire est une explosion de vie.

Pour les adultes aussi, le rire est un moyen de communiquer la vie. Lorsque vous riez, les énergies que vous avez accumulées en vous débordent et vous avez besoin de partager quelque chose avec les autres. Chaque fois que vous sentez la vie augmenter en vous, vous ressentez le désir de rencontrer vos amis, de faire de nouvelles connaissances, parce que vous avez quelque chose à donner : le surplus de vie qui est en vous demande à être déversé quelque part, et le rire entre amis est souvent la manifestation de ce besoin de communiquer la vie.

Par un bel après-midi d'été, Nastradine Hodja, monté sur son âne, revenait de la ville où il était allé acheter quelques sacs de blé. Il faisait chaud et il se dit qu'une petite sieste serait si agréable ! L'idée de s'étaler sur un bon tapis d'herbe lui plaisait tellement qu'il oublia certains bruits qui circulaient à propos de voleurs qui couraient la région. Il attacha son âne à un arbre pour qu'il ne s'échappe pas, et il s'endormit. Quand il se réveilla, l'âne avait disparu, seule restait la corde attachée au tronc de l'arbre, et alors, il se dit : « Si je ne suis pas Nastradine Hodja, j'ai gagné une corde. Mais si je suis bien Nastradine Hodja, j'ai perdu mon bourricot. » Alors vous aussi, si des voleurs viennent s'emparer de ce qui vous appartient, pendant que votre conscience est endormie, il ne vous reste plus qu'à philosopher comme Nastradine Hodja.

Ce qui endort la vigilance, c'est l'attrait, le goût des plaisirs. En effet, comment être vigilant quand on n'a que l'envie de se laisser aller à ce qui est agréable ?

L'existence est pleine d'imprévus, et devant ces imprévus combien de fois vous êtes déconcerté, troublé ! Vous êtes incapable de vous adapter parce que vous êtes esclave de vos habitudes de penser, de sentir et d'agir. Mais la vie, elle, ne se laisse pas impressionner par vos habitudes et vos manies : elle coule, elle déplace les choses et les êtres, et elle les bouscule s'ils ne s'adaptent pas.

Évidemment, il faut savoir à quoi et comment s'adapter. Dans les transformations que l'on voit actuellement dans le monde, tout n'est pas tellement magnifique, donc tout n'est pas à accepter. Ce qu'il faut accepter, c'est la vie nouvelle qui vient des régions célestes, mais qui pour le moment est encore imperceptible ; ce sont des ondes que nous envoient les étoiles, et qui passent par certains centres de la terre avant de se propager sur toute sa surface. Cette vie nouvelle n'existe donc encore que dans le plan spirituel, mais elle apparaîtra un jour dans le plan physique sous des aspects si évidents, si manifestes, que tous seront obligés de voir, de sentir que quelque chose a changé. Et ceux qui ne se seront pas préparés à ce changement passeront par de grandes souffrances.

Dans le livre de la *Genèse,* il est dit qu'après qu'Adam et Ève, sur la suggestion du serpent, eurent mangé du fruit défendu, ils se cachèrent du Seigneur qui parcourait le jardin dans la brise du soir. Dieu appelle Adam : *« Où es-tu ?... Est-ce que tu as mangé de l'arbre dont je t'avais défendu de manger ? L'homme répondit : La femme que tu as mise auprès de moi m'a donné de l'arbre et j'en ai mangé. Et l'Éternel Dieu dit à la femme : Pourquoi as-tu fait cela ? La femme répondit : Le serpent m'a séduite et j'en ai mangé. »*

Une tradition rapporte que le fruit mangé par Adam et Ève était une pomme, une autre que c'était une figue… Peu importe. Ce qu'il faut voir dans ce texte, c'est que les tentations auxquelles nous succombons sont comparables à de la nourriture que nous absorbons. Le serpent, qui est une personnification du mal, tente Ève en lui proposant de manger du fruit défendu ; ensuite, Ève le propose à Adam. Et quand Dieu leur demande ce qui s'est passé, Adam accuse Ève et Ève accuse le serpent. En réalité, faire retomber la responsabilité de ses fautes sur un tentateur (ou une tentatrice) ne les excuse pas. Si on a mal agi, on est coupable. Il ne faut pas succomber, il ne faut pas « manger », c'est tout, afin de ne pas avoir honte de se présenter devant le Seigneur chaque fois qu'Il nous demande : « Où es-tu ? »

Persuadé que les humains sont mauvais et que le monde ira de plus en plus mal, le pessimiste se contente de régler ses propres affaires sans se soucier des autres. Et quelle satisfaction pour lui de constater que les difficultés ou les malheurs qu'il avait prévus se produisent en effet ! Le pessimisme engendre donc l'égoïsme, la dureté même, mais aussi la paresse. Oui, dans sa conviction qu'il n'y a rien à faire pour améliorer la situation, le pessimiste devient paresseux… excepté lorsqu'il s'agit d'expliquer toutes les bonnes raisons qu'il a d'être pessimiste !

Combien de livres ont pour auteurs des gens qui avaient besoin de souligner que le monde est voué au mal, que l'existence est absurde, que rien ne vaut la peine de rien ! Mais, mon Dieu, si le bien ne doit jamais triompher, si rien n'a de sens, si rien ne vaut la peine, pourquoi faire même l'effort de parler et d'écrire ? La logique serait de rester muet. Oui, quel besoin malsain ont ces gens d'aller obscurcir de nuages noirs la tête et le cœur de tous ceux qui vont les entendre ou les lire ?

Si vous vous préoccupez toujours d'aider et de soutenir les autres, en apparence, bien sûr, vous perdez quelque chose : vous constatez en vous une fatigue physique et même psychique. Mais si vous savez comment travailler, vous vous renforcez. C'est une loi que connaissent les Initiés : en aidant les humains, en les éclairant, ils font de grandes dépenses, mais en même temps ils reçoivent des forces et des énergies du monde divin. Et ils les reçoivent en bien plus grande quantité que ce qu'ils ont donné, parce que tout en donnant à la terre ils reçoivent du Ciel, et les bénédictions du Ciel sont infinies. Ils donnent et ils reçoivent, ils reçoivent et ils donnent.

Celui qui n'a pas appris à recevoir les énergies célestes est vite épuisé, et il regrette ensuite de s'être dépensé pour les autres. Si l'on veut réellement donner aux humains, il faut commencer par apprendre à recevoir du Ciel.

Chaque jour nos activités nous amènent à travailler dans les trois plans : physique (le corps), psychique (l'âme), spirituel (l'esprit). Ce travail, nous pouvons le faire simultanément dans ces trois plans ; il suffit d'apprendre à les coordonner pour que le travail physique soit en harmonie avec les autres travaux, et inversement.

La majorité des humains, qui n'ont pas conscience de ces différents plans et des activités qui correspondent à chacun d'eux, s'engagent souvent dans des activités incompatibles les unes avec les autres ; ils ne s'en rendent pas compte jusqu'au jour où ils sont pris dans un réseau de contradictions tellement inextricable qu'ils se sentent saisis à la gorge, comme étranglés. Pour se développer harmonieusement il ne faut accepter en soi aucune dissonance entre le monde de la pensée, le monde du sentiment et le monde de l'action.

On ne peut pas nier que le mal existe, il faut le voir et prendre des précautions. Mais ce n'est pas parce que le mal existe qu'on doit ne voir que lui. Malheureusement, il y a des gens qui se complaisent dans le mal comme si c'était pour eux une nourriture : les scandales, les catastrophes, les saletés, ils raffolent de ça. Ils prétendent qu'ils parlent du mal pour le dénoncer, le combattre. Non, c'est faux, ils en parlent parce qu'ils l'aiment, et ils s'en régalent. Sans lui ils s'ennuieraient, ils n'auraient rien à dire, rien à écrire.

Très jeunes déjà il faudrait habituer les enfants à s'intéresser de préférence à tout ce qui est beau, bon, noble, pur. C'est tellement plus bénéfique pour leur formation ! Et d'ailleurs, c'est cela la véritable pédagogie : s'efforcer de nourrir chez les enfants l'amour de tout ce qui existe de meilleur, car seul l'amour de la beauté, de la bonté, de la justice, permet vraiment de neutraliser le mal en soi-même et chez les autres.

« Faire la révolution ». Voilà la solution à laquelle pensent la plupart des gens quand il s'agit de transformer la société. Mais après chaque révolution on retrouve à nouveau les mêmes désordres, les mêmes malhonnêtetés, les mêmes injustices... Les victimes et les bourreaux ont changé de camp, c'est tout, mais il y a toujours des victimes et des bourreaux. Ce n'est donc pas à l'extérieur qu'il faut apporter des changements, mais dans les mentalités humaines. Beaucoup disent travailler pour le bonheur de l'humanité, mais combien savent ce dont les humains ont réellement besoin pour être heureux ? Très peu, et c'est pourquoi les résultats ne sont pas fameux : si on constate des progrès dans quelques domaines, on est obligé de constater en même temps des régressions dans d'autres.

Les véritables progrès, les véritables améliorations se produisent d'abord dans la pensée, dans le cœur, dans l'âme, et grâce à la lumière. Comment voulez-vous que les changements soient efficaces si les mentalités restent les mêmes : égoïstes, malhonnêtes, perfides ? C'est aux mentalités qu'il faut s'attaquer, c'est en changeant les mentalités qu'on changera le monde entier.

27 Août

Seule une attitude intérieure d'humilité et de respect vous permettra d'obtenir des réalisations spirituelles. Si vous demandez aux entités célestes de venir satisfaire vos désirs et vos convoitises, vous vous retranchez du courant ascendant qui, à travers les hiérarchies angéliques, vous relie à Dieu. C'est vous qui devez servir les êtres supérieurs, les Anges, les Archanges, la Divinité, car c'est l'ordre naturel des choses. Partout il existe un sommet et une base, une tête et une queue, et c'est la queue qui doit suivre la tête, non le contraire. Quand vous vous adressez au Ciel, demandez-lui de vous prendre à son service et non de descendre vous servir.

Vous direz : « Mais les rayons du soleil et des étoiles viennent jusqu'à nous, et les Anges descendent aussi pour nous visiter. » Bien sûr, mais seuls ceux qui acceptent intérieurement l'ordre cosmique bénéficient de leur passage. De la même façon les Anges traversent l'espace en répandant leurs bénédictions, mais seuls les reçoivent ceux qui reconnaissent la véritable hiérarchie.

Il est des jours où vous sentez que votre voix est chaude, pleine, expressive, vivifiante, et d'autres jours où elle est plate, éteinte, rauque ou grinçante. Si votre timbre de voix peut subir de tels changements, c'est qu'il dépend de l'état dans lequel vous vous trouvez. C'est pourquoi vous devez vous efforcer d'éveiller en vous des états de conscience harmonieux afin d'agir sur vos cordes vocales. Plus vous atteignez les régions supérieures de la conscience, plus les sons qui sortent de votre gorge sont harmonieux, vivants, puissants, et ils agissent favorablement sur les créatures.

Quand vous saurez mettre votre voix au service des forces de la lumière, vous contribuerez à désagréger les ténèbres qui pèsent sur le monde. Les enfants de Dieu doivent connaître ces grandes lois pour pouvoir faire le bien.

« Il n'est pas bien de prendre la nourriture des enfants pour la donner aux petits chiens », disait Jésus. Pour interpréter correctement ces paroles, il faut comprendre à quoi correspondent cette nourriture et ces chiens. La nourriture, ce sont toutes les bonnes choses que préparent notre cœur, notre intellect, notre âme, notre esprit. Il ne faut pas la laisser manger par les chiens, c'est-à-dire les animaux du plan astral, mais la garder précieusement pour nourrir les anges, les archanges et toutes les entités célestes. Bienheureux ceux qui sauront s'imprégner de cette pensée.

Des visiteurs du monde divin seraient heureux de séjourner chez nous, mais s'ils voient que des entités inférieures ont déjà tout mangé, ils s'éloignent. Ne soyez pas étonnés, c'est la vérité : des esprits lumineux descendent visiter les humains, ce sont des hôtes royaux qui viennent déposer en nous leurs vertus, leur lumière. Lorsqu'ils se présentent, il faut que nous soyons prêts à leur offrir la nourriture qu'ils apprécient. Sinon, que voulez-vous qu'ils fassent ? Ils s'en vont car ils n'ont pas envie de mourir de faim.

Dans une École initiatique la musique, et surtout le chant, a un grand rôle à jouer. Puisque dans le chant nous sommes nous-même l'instrument qui produit des sons, chanter a sur nous, sur notre corps physique et sur nos corps subtils, des effets très puissants. Par le chant, nous émettons des ondes, des courants de forces qui créent en nous des formes. C'est pourquoi il est tellement important de retrouver la fonction mystique du chant, en concentrant toute son attention non seulement sur la mélodie, mais aussi sur les paroles. Et surtout, savoir choisir ce que l'on chante.

La parole est créatrice de mondes, et ces mondes sont capables de se maintenir très longtemps ; on ne peut pas savoir jusqu'à quand dureront les effets d'une parole. Alors, que penser de toutes ces musiques que l'on entend de plus en plus à l'heure actuelle, des musiques hystériques que soulignent encore des paroles violentes, destructrices ? Il ne faut jamais sous-estimer les effets de la musique, et plus particulièrement du chant.

Combien d'entre vous s'imaginent que la clairvoyance est le summum de la vie spirituelle ! Eh bien, justement, non. Et vous devez même savoir que la clairvoyance vous empêchera de progresser si vous l'avez développée prématurément, c'est-à-dire avant de vous être suffisamment purifié et renforcé. Si vous n'êtes pas pur, que croyez-vous que vous allez voir ? Vous ne pourrez pas aller au-delà des régions inférieures du plan astral,* là où l'on ne rencontre que des larves et des monstres. Et vous serez tellement horrifié que vous finirez par supplier le Seigneur de vous enlever cette faculté qui vous paraissait alors tellement souhaitable et qui est maintenant la cause de tous vos tourments.

Pour être capable de s'élever très haut jusqu'à la contemplation des choses célestes, on doit se purifier. Et on doit aussi se renforcer pour supporter de voir tout ce qui se trame dans le cœur et la tête des humains. Il ne suffit pas de « voir », il faut être capable de voir ce que vous découvrira le Ciel, et assez fort aussi pour supporter les visions de l'Enfer.

* Voir note et schéma, p. 372 et 373.

Seul celui qui donne la première place à l'esprit, à la lumière, peut vraiment évoluer. Mais évidemment il doit d'abord en éprouver le besoin et ce besoin ne se fabrique pas : on vient au monde avec lui ou non, cela dépend de l'existence qu'on a menée dans les autres incarnations. Si un homme vient sur la terre avec un besoin de spiritualité, très peu de choses, un livre seulement, quelques paroles, vont lui donner un élan que rien ne pourra arrêter. Tandis qu'un autre, même si le monde entier est là pour le prêcher, cela ne servira à rien, parce qu'il a des tendances qui l'entraînent dans une autre direction.

Donc, pour pouvoir revenir dans la prochaine incarnation avec ce besoin de vie spirituelle, vous devez commencer dès aujourd'hui. Même si pour le moment cela ne vous dit rien, faites quand même des efforts, préparez le terrain et semez-y quelques graines…

2 *Septembre*

La colère, la révolte… Si les humains étaient capables d'analyser ce qui se passe en eux au moment où ils se laissent aller à ces impulsions, ils constateraient que leur organisme est en train d'enregistrer des vibrations violentes, chaotiques, qui s'inscrivent définitivement dans leurs cellules. Mais ils ne s'observent pas et ils ne savent pas non plus que la nature, qui a une intelligence et une mémoire, leur prépare quelques leçons pour plus tard. Ils se marieront et auront des enfants : eh bien, ces enfants leur ressembleront, ils seront violents, révoltés, irrespectueux comme eux. Et il sera alors inutile de se plaindre : « Oh ! quelle injustice ! Je n'ai pas mérité des enfants pareils ! » Ils n'auront qu'à se souvenir comment ils étaient eux-mêmes dans le passé, ils comprendront, mais ce sera trop tard.

La loi du choc en retour existe dans le monde psychique comme dans le monde physique. Malheureusement, ce n'est qu'au moment où les conséquences de leurs actes leur retombent sur la tête que les humains commencent à réfléchir et à comprendre.

Apprenez à recevoir les rayons du soleil en sachant que toutes les bénédictions sont là, dans ces particules de lumière que vous pouvez capter, respirer. Dieu a mis dans la lumière tout ce dont nous avons besoin pour nous sentir vivants, riches, dans la paix et la joie pendant l'éternité. Mais encore faut-il en être conscient.

Si devant le soleil vous pensez à vos petits soucis, à vos petites amours, à vos petites rancunes, évidemment le soleil est là, ses richesses sont là, mais elles passent à côté de vous sans que vous puissiez en bénéficier. Il faut aimer la lumière du soleil, il faut penser à elle, se fusionner avec elle, et à ce moment-là elle peut vous parler, vous aider, vous guérir. Sinon vous pourrez regarder le soleil toute votre vie, vous ne recevrez rien. Pour recevoir quelque chose du soleil, il faut vouloir progresser.

En se servant des paraboles, ces récits tirés de faits ou d'événements de la vie quotidienne, Jésus pouvait instruire les foules de gens simples qui venaient à lui, en même temps que les êtres spirituellement plus avancés. Et il arrivait qu'à ses disciples Jésus donne le sens de ces récits, comme pour la parabole du semeur ou celle de l'ivraie et du bon grain.

« Pourquoi leur parles-tu en paraboles ? » demandèrent un jour les disciples à Jésus qui venait de s'adresser à une grande foule. Et Jésus répondit : *« Parce qu'il vous a été donné de connaître les mystères du Royaume des Cieux et que cela ne leur a pas été donné. »* À la foule, donc, Jésus présentait des images et des récits. À ses disciples, il a expliqué la correspondance de ces images et de ces récits avec des réalités du domaine moral. Et parmi ses disciples, il a choisi saint Jean pour lui en révéler le sens profond. On peut donc dire qu'à la foule il a donné la forme, à ses disciples le contenu, et à saint Jean il a révélé le sens. Parce qu'il en est toujours ainsi : la foule s'arrête à la forme, les disciples travaillent sur le contenu, et les Initiés découvrent le sens.

L'œil au centre d'un triangle est un symbole très répandu dans le christianisme et dans certains mouvements spirituels. Il représente l'œil de Dieu qui voit tout. Cela ne signifie pas, comme certains le croient naïvement, que depuis le Ciel, Dieu est occupé à nous observer et à noter toutes nos bonnes et mauvaises actions, pour ensuite nous punir ou nous récompenser. Cet œil est en nous, c'est lui qui nous observe, qui nous surveille.

Il est souhaitable de se sentir surveillé par cet œil intérieur, car c'est lui qui nous tient à l'abri des erreurs. Nous devons même lui demander de poser toujours son regard sur nous, et nous réjouir lorsqu'au moment de dévier, la seule sensation de ce regard nous garde sur la bonne voie.

Vous avez certainement fait cette expérience : vous étiez occupé à des tâches de la vie quotidienne, vous ne pensiez à rien de précis, et soudain vous avez senti comme un courant, une présence près de vous, quelque chose de vivant qui vous apportait une lumière, une paix, une joie. Alors, qu'avez-vous fait ?... À des moments pareils, cessez toute occupation pour vous concentrer sur cette présence qui est venue vous visiter. Ce sont des instants rares et précieux, qu'il ne faut pas laisser passer en se montrant négligent.

Des visiteurs célestes viennent nous instruire et enrichir notre vie. Si vous ne vous arrêtez pas pour les recevoir au moment où ils se présentent, c'est fini ; vous aurez beau chercher, supplier, ils ne reviendront pas. Ou alors, ils reviendront, mais quand ?... Il faut les retenir au moment où ils se présentent, car très vite ensuite vous n'avez plus la moindre idée de ce qu'ils venaient vous apporter. Mettez le temps qu'il faut pour devenir conscient de ce que représentent ces visites célestes, afin qu'elles laissent en vous une marque indélébile.

Comme la prière, la musique et le chant sont des nourritures spirituelles, c'est pourquoi il est important de s'habituer à chanter. Bien sûr, on peut se contenter d'aller au concert ou d'écouter des disques chez soi. Mais entre chanter soi-même et écouter chanter quelqu'un, la différence est énorme.

Pensez à la différence qui existe entre manger vous-même et regarder les autres manger : ils se régalent et vous… rien ! Ensuite, ils se lèvent, ils sont dynamiques, ils travaillent, tandis que vous, à peine si vous vous traînez. Eh bien, on peut constater la même différence entre chanter et écouter chanter. Ceux qui chantent communient au plus profond de leur être avec le monde de l'harmonie – à condition évidemment de bien choisir ce qu'on va chanter – tandis que les autres se traînent intérieurement, car il leur manque cette nourriture qu'apporte l'harmonie.

8 Septembre

Vous suivez un enseignement spirituel : vous y ferez de grandes découvertes et il vous apportera beaucoup de joie ; mais il ne vous mettra pas à l'abri des difficultés. Quel que soit le chemin que l'on prend, bon ou mauvais, on rencontre des obstacles, des épreuves. Ces obstacles et ces épreuves ne sont pas les mêmes et on les vit différemment, c'est tout.

La faiblesse est un des grands dangers qui guettent les disciples. Parce qu'ils ont choisi le chemin de la lumière, ils s'imaginent qu'ils avanceront sur un tapis de roses, que tout sera facile, merveilleux… et voilà qu'ils reçoivent des chocs auxquels ils ne s'attendaient pas, qu'ils ne comprennent pas, et c'est ce qui les rend vulnérables. Alors, désormais, pensez par avance que vous aurez à traverser des épreuves, que les gens peuvent être mal intentionnés, médisants, ingrats, et attendez-vous au pire. Le jour où les épreuves arriveront, dans la mesure où vous serez prévenu, vous resterez ferme, inébranlable, vous n'éprouverez pas de déceptions, vous ne vous apercevrez même pas qu'on vous offense ! Et c'est ainsi que vous deviendrez capable d'aider aussi les autres.

Dans de nombreuses traditions, le but de la quête spirituelle est symbolisé par un ou plusieurs objets que l'Initié parvient à conquérir après de longs travaux, de longues peines. La baguette magique, par exemple, ainsi que l'élixir de la vie immortelle, la panacée universelle, le miroir magique, la pierre philosophale, sont en réalité les symboles des facultés que l'Initié est arrivé à développer, des pouvoirs qu'il a réussi à obtenir. Les possède-t-il matériellement ? Quelquefois, oui, mais la question n'est pas là : c'est en lui-même d'abord qu'il doit chercher à les posséder sous la forme de qualités et de vertus, et travailler avec eux.

Ces cinq symboles ont des correspondances avec les séphiroth du pilier central de l'Arbre de Vie, l'Arbre séphirotique : la baguette magique avec *Kéther,* le miroir magique avec *Daath,* la panacée universelle avec *Tiphéreth,* l'élixir de la vie immortelle avec Iésod, la pierre philosophale avec *Malhouth.**

* Voir tableau et note, p. 374-376.

Combien de processus observés dans la nature peuvent nous instruire ! Prenons le développement d'une courge dans un jardin. Eh oui, là aussi il y a quelque chose à apprendre. La courge est d'abord suspendue par une toute petite tige que l'on peut facilement casser. Mais au fur et à mesure qu'elle grossit, la petite tige se renforce, au point qu'elle arrive un jour à supporter un poids de plusieurs kilos.

Le même phénomène se produit avec le disciple d'une École initiatique. « Comment, direz-vous, vous nous comparez à des courges ! » Ne vous vexez pas, ce n'est qu'une image, essayez de comprendre. Au fur et à mesure que vous arrivez à saisir les courants et les vibrations du monde spirituel, qui sont d'une grande puissance, quelque chose travaille en vous pour vous permettre de résister à cette tension. Mais cela ne peut se faire que progressivement. Si certains veulent tout apprendre et expérimenter d'un seul coup, développer toutes leurs facultés spirituelles d'un seul coup, ils s'exposent à de graves dangers, la folie, ou même la mort. Il faut s'y prendre doucement, patiemment, régulièrement ; à ce moment-là le système nerveux se renforce et devient capable de résister aux plus grandes tensions psychiques.

Pour un oui ou pour un non, les gens ont recours aux tribunaux. Ils veulent qu'on leur rende justice, disent-ils. Mais que savent-ils exactement de la justice ? Vous direz qu'il y a des lois et ces lois doivent être également appliquées à tous. Mais une amende de mille francs, par exemple, est-ce la même chose pour un homme qui n'a pas d'autre argent pour vivre et pour un milliardaire ? Non. Alors, réfléchissez à cet exemple et comprenez combien il est difficile de rendre la justice de façon réellement équitable.

Si vous trouvez qu'une personne qui vous a lésé mérite absolument une punition, adressez-vous au monde invisible et dites-lui : « Voilà, telle personne m'a fait ça et ça, et à cause de ce qu'elle m'a fait, je rencontre de grandes difficultés dans tel et tel domaines. Je vous demande donc d'intervenir pour que le mal qu'elle m'a fait soit réparé. » Vous déposez ainsi une plainte devant le Ciel comme on le fait dans la vie courante devant les tribunaux, et le Ciel verra alors comment il devra agir. Oui, autant que possible remettez-vous-en au Ciel pour régler ce genre de questions.

Pour parvenir à la sagesse, il faut avoir traversé les plus grandes difficultés, les plus grandes épreuves. La sagesse d'un être parle de toutes les expériences qu'il a faites, de toutes les victoires qu'il a remportées sur le mal, et vous devez ressentir pour lui estime et admiration, parce qu'il a payé très cher pour l'acquérir.

Et s'il est véritablement un sage, vous lisez dans son attitude, dans son regard, la certitude qu'avec la foi, le travail et le temps, on triomphe de toutes les résistances. Même s'il porte sur son visage les marques laissées par la souffrance, ce qui domine, c'est la présence d'une lumière, quelque chose de profond, de secret qui rayonne, qui irradie.

La puissance des êtres spirituels est la puissance de leur aura. Un grand Maître est capable d'étendre son aura au point de prendre toute une région sous sa protection et de pénétrer en même temps l'aura des humains qui l'habitent afin de leur insuffler une vie nouvelle. Il sait que ses possibilités matérielles sont limitées, mais psychiquement, elles sont immenses, et il n'a pas d'autre souhait que de déployer son aura pour atteindre et prendre sous son aile le plus grand nombre de créatures.

Par son aura un Maître spirituel travaille aussi sur la végétation et il agit sur les courants atmosphériques. C'est encore grâce à cette aura immense, qui lui permet d'atteindre d'innombrables régions de l'univers, qu'il arrive à une compréhension tellement profonde des choses. Vous pouvez, vous aussi, développer votre aura et la rendre plus intense, plus vibrante, mais cela suppose que vous commenciez par travailler sur les vertus : l'amour, la sagesse, la vérité, la justice, la pureté, la bonté.

Jésus disait : *« La vie éternelle, c'est de Te connaître Toi, le seul vrai Dieu. »* Dieu est omniscient, tout-amour et tout-puissant. Pour être vivant, nous devons donc parvenir à Le connaître dans ces trois qualités, et pour cela chaque cellule de notre corps doit participer à cette immense entreprise.

Connaître Dieu, c'est non seulement introduire la lumière dans notre intellect, mais aussi la pureté dans notre cœur et agir de telle sorte que nos actes nous apportent la liberté. Êtes-vous conscient que chacun de vos actes doit avoir pour but de vous libérer ? Non, c'est pourquoi ils ne font souvent que vous asservir. Lorsque vous méditez, pensez que chaque cellule de votre corps peut participer à cette connaissance de Dieu qui nous donne la vie éternelle. Quelle erreur de croire que la connaissance est uniquement une faculté mentale !

Les lacunes, les imperfections des êtres ne viennent pas de ce que leur esprit est déficient. Les déficiences viennent des instruments physiques dont l'esprit dispose pour se manifester et un de ces instruments privilégiés est évidemment le cerveau. Quand on rencontre un handicapé mental, il faut savoir que ce n'est pas son esprit qui est débile – son esprit est peut-être celui d'un très grand sage – mais c'est l'instrument matériel grâce auquel il doit se manifester, son cerveau, qui est délabré. Donnez un violon aux cordes distendues à un violoniste : même s'il est le plus grand virtuose du monde, il ne pourra pas jouer. L'esprit est aussi un grand virtuose, mais pour jouer il a besoin d'un bon instrument.

On attend trop de l'esprit : on lui donne un corps délabré et on s'attend à ce qu'il fasse des merveilles. Eh non, il ne peut pas. Et pour employer une autre image, c'est comme si on voulait faire jaillir une étincelle d'une allumette humide ; c'est impossible.

Combien de moralistes se sont prononcés sur l'acte sexuel pour le condamner ! Mais en réalité l'acte en soi n'est ni mauvais ni bon ; seule l'intention qu'on y met, la façon de le vivre, le rend criminel ou saint.

Si un être n'a pas travaillé sur lui-même, s'il a des intentions égoïstes ou malhonnêtes, même s'il décide de rendre cet acte légitime en se mariant, il sera peut-être approuvé et applaudi, sa famille lui fera un festin, la mairie et l'Église lui donneront l'une le droit, l'autre la bénédiction, mais la nature le condamnera. Car que va-t-il communiquer à sa femme (ou la femme à son mari) ? Des maladies, des vices, des influences nocives, c'est tout. Donc, même si le monde entier approuve l'acte, les lois de la nature vivante se prononceront contre lui. Et inversement : certains pourront vous reprocher d'avoir des relations sexuelles avec une femme ou un homme à qui vous n'êtes pas officiellement marié, mais si vous avez déversé le Ciel dans l'âme de cet être, si grâce à votre amour il s'élève, s'ennoblit, s'embellit, le Ciel en haut sera émerveillé et vous donnera ses bénédictions.

17 Septembre

Vous êtes libre, oui… vous êtes libre tant que vous ne transgressez pas les lois de la nature. Car la nature est implacable, inflexible : vous pouvez pleurer, crier, menacer, elle ne changera pas ses lois pour vous, et si vous les transgressez, vous souffrirez. C'est à vous de vous incliner, de vous mettre en accord avec elle. Vous direz que la nature est cruelle… Non, elle souhaite voir ses fils et ses filles bien portants et heureux. Mais s'ils ont des têtes dures, il faut bien qu'elle s'occupe de faire mûrir ces têtes ; pour cela il est nécessaire qu'elle leur donne de temps à autre quelques secousses, et s'ils refusent de comprendre rapidement, il arrive que ces secousses soient terribles.

La nature n'a aucune volonté de détruire les humains, non, elle a trop travaillé à leur donner la vie et à entretenir cette vie en eux pour décider de les massacrer. Mais elle veut les éduquer. C'est pourquoi, tant qu'ils se conduiront comme des enfants irrespectueux, indisciplinés et désobéissants, les humains recevront des leçons.

Vous vous sentez triste, inquiet, irrité… Ces sensations correspondent à des niveaux de conscience inférieurs. Alors, pourquoi ne pas changer de niveau ? De même que rien ne vous oblige à rester dans votre cave où il fait obscur et froid, rien ne vous oblige non plus à rester dans vos caves intérieures. Par la concentration, la prière, efforcez-vous de vous élever jusqu'aux régions de la superconscience, la conscience divine, où vous vivrez dans la lumière et dans la paix.

En faisant cet exercice, vous constaterez que rien ne peut vous limiter, car votre être se prolonge jusqu'à l'infini. Vous vous fusionnez avec la lumière divine, et dans cette fusion, qui est la seule véritable expérience de la liberté, vous sentez, même si c'est juste un court instant, que votre Moi supérieur, qui est une parcelle de Dieu Lui-même, prend peu à peu possession de vous… À partir de ce moment-là, quelles que soient les circonstances, vous saurez qu'au-dessus de vous l'espace est toujours libre et ouvert.

C'est parce qu'ils ont longuement étudié leur nature, leurs manifestations, que les Initiés ont fait du feu et de l'eau les symboles des deux principes masculin et féminin qui travaillent ensemble dans l'univers. Quand un homme et une femme se rencontrent, ils reproduisent la rencontre du feu et de l'eau. S'ils ne savent pas comment agir l'un vis-à-vis de l'autre, l'eau, la femme, va s'évaporer, et le feu, l'homme, va s'éteindre.

Parce que le feu et l'eau peuvent se détruire, on en conclut qu'ils sont des ennemis. En apparence, c'est vrai, les hommes et les femmes ne cessent de lutter les uns contre les autres. Pourtant, s'ils se cherchent, c'est qu'il y a une raison, et il faut la trouver. Cette raison, c'est qu'ils sont les représentants des deux principes cosmiques qui ensemble créent la vie. Mais pour créer vraiment la vie au lieu de se détruire, il ne faut pas que l'eau et le feu entrent directement en contact. L'eau doit être versée dans un récipient et placée au-dessus du feu ; ainsi le feu va exalter l'eau et il se produira un dégagement d'énergie considérable, grâce auquel les deux mettront le monde entier en mouvement.

Dans tous les pays vous trouverez des milliers de bibliothèques remplies de livres. Avec tous ces livres l'humanité s'est certainement instruite, mais elle ne s'est pas améliorée. Ce qu'il faut désormais, ce sont des livres vivants. Si le monde invisible envoie sur la terre des Initiés, des saints, des grands Maîtres, c'est parce qu'ils sont des livres vivants. Les humains ont besoin de ces livres-là, plus que des autres, car les autres on les lit et on les place sur des étagères sans rien mettre en pratique. Tandis que lorsque paraît un livre vivant, on est stimulé, entraîné.

Bien sûr, la majorité des gens préfère les livres de papier, parce qu'ils sont paisibles, gentils, inoffensifs ; tandis que les livres vivants, eux, sont toujours en train de les secouer. Et ils n'aiment pas être secoués, ils disent : « Laissez-nous tranquilles, nous avons nos bibliothèques, nos Livres sacrés, nous les lisons... » Alors les livres vivants leur répliquent : « Peut-être, en effet, vous les lisez, mais vous ne les appliquez pas. Nous sommes là pour vous montrer comment les appliquer. »

On est parfois étonné de l'idée que certaines personnes se font d'elles-mêmes et qui n'a aucun rapport avec la réalité, c'est pourquoi elles ne comprennent jamais ce qui leur arrive. Rien n'est plus important que d'acquérir une bonne connaissance de soi : de ses qualités et de ses défauts, de ses capacités et de ses faiblesses. C'est la première condition pour avoir du succès et des relations harmonieuses avec les autres créatures, sinon il s'ensuit fatalement des complications, des heurts. On peut même faire cette observation : la plupart des accidents et des tragédies qui se produisent dans le monde sont dus à ce manque de connaissance de soi.

Savoir ce que vous êtes, ce que vous représentez, ce dont vous êtes ou non capable, voilà justement le sujet sur lequel vous risquez sans arrêt de vous tromper. Et c'est très grave, tous les dangers sont là : les entreprises, les associations, tout ce que vous faites risque de ne pas réussir si, à la base, vous n'avez pas placé une claire connaissance de vous-même.

L'agriculteur sait à quelle époque il doit labourer, semer, tailler, cueillir… Mais c'est à chacun de nous d'apprendre aussi à travailler d'après les saisons.

Salomon dit dans l'*Ecclésiaste : « Il y a un temps pour tout, un temps pour naître et un temps pour mourir, un temps pour planter et un temps pour arracher ce qui a été planté, un temps pour embrasser et un temps pour s'éloigner des embrassements, un temps pour abattre et un temps pour bâtir.* » Ces paroles ne concernent pas uniquement le plan physique, les activités physiques, il faut aussi les interpréter d'un point de vue magique, kabbalistique. Ce temps pour chaque chose, la Kabbale explique comment le déterminer, et c'est toute une science. En fonction des saisons, il y a au cours de l'année un travail intérieur à faire avec les quatre éléments, les quatre points cardinaux, les quatre Archanges, ainsi qu'avec les pierres précieuses, les plantes et les entités qui leur correspondent.

Depuis la pierre où Il est limité à l'extrême et où nous pouvons Le toucher, jusqu'à la substance la plus immatérielle, la lumière, et encore au-delà… Dieu est présent dans toute la création. Oui, Il est présent dans les pierres, les plantes, les animaux, les humains, les anges et toutes les hiérarchies célestes, et plus loin encore… Il a ses membres profondément enfoncés dans la matière, mais il y a des régions où Il est plus libre. Dans les formes les plus denses de la matière, Il ne peut plus bouger, mais dans son Royaume Il est libre absolument.

Dieu est libre, oui, mais en dehors de notre monde. Lorsqu'Il entre dans notre monde, Il se trouve limité. C'est pourquoi, quand les gens indignés devant certains événements se révoltent en disant : « Dieu ne devrait pas permettre des choses pareilles ! » c'est qu'ils n'ont rien compris. S'ils possédaient le vrai savoir, ils comprendraient que Dieu justement ne peut pas intervenir. Sur la terre, Dieu est limité, et c'est nous qui Le limitons. Dieu est à la fois limité et illimité. Il est limité dans nos cœurs, mais Il est libre dans le cœur des anges.

Partout on ne voit que des gens occupés à critiquer, à se plaindre, à raconter qu'ils sont découragés, malheureux, parce que ceci, parce que cela… parce que rien du tout ! Pour être dans un état pareil, c'est qu'ils n'ont rien compris aux vérités de la vie. « Comment ? riposteront certains, nous n'avons rien compris ? Mais nous avons des diplômes, nous avons lu des philosophes et des penseurs ! » D'accord, mais votre attitude montre que vous n'avez rien compris.

Avoir des diplômes, avoir lu des bibliothèques entières est certainement une preuve que vous êtes lettré, érudit, et non que vous avez compris quoi que ce soit de la vie. La preuve, c'est justement de pouvoir donner des preuves de votre compréhension, et ces preuves sont la sérénité, la maîtrise, l'indulgence à l'égard des autres, la capacité de résoudre les problèmes. Si vous donnez ces preuves, même si vous n'avez aucun diplôme, même si vous n'avez rien lu, vous possédez la science de la vie. Voilà, c'est clair.

Pour les hommes primitifs, le feu était un ennemi ; l'eau, le vent, la terre, les animaux, toutes les forces de la nature étaient des ennemis, et ceux qui luttaient contre elles, s'épuisaient et mouraient même dans ces luttes. Puis, avec le temps, ils ont commencé à apprivoiser ces forces et ils ont découvert combien elles pouvaient leur être utiles.

Ce que les humains ont compris pour les éléments peut s'appliquer à d'autres manifestations de la vie, et particulièrement dans le domaine psychique. Ainsi, au lieu de fuir quelques impulsions qui viennent vous troubler : la sensualité, la colère, la vanité, la jalousie, etc., observez-les, explorez ces régions, cherchez à les connaître et à voir ce qu'elles contiennent. C'est ce courage, cette audace qui vous amèneront à découvrir que ces forces de la nature que vous preniez pour des ennemies sont en réalité des amies porteuses de cadeaux. L'époque vient où les humains doivent trouver une autre attitude vis-à-vis de leurs instincts, de leurs tendances inférieures : instruits par des méthodes pédagogiques qui les libéreront, peu à peu ils arriveront à échapper à leurs limitations intérieures.

26 Septembre

Réfléchissez bien avant de faire une promesse, car une promesse doit toujours être tenue. Même le Seigneur ne peut pas vous en délier. C'est à vous, avant de la faire, de savoir si vous pourrez la tenir ou non. Vous ne devez pas dire : « Bah ! je peux bien promettre, ça ne m'engage à rien ! » Eh si, justement, vous êtes engagé. Dans le plan physique, peut-être, si vous n'avez pas fait cette promesse par écrit, personne n'aura de preuve pour vous condamner ; mais dans le plan subtil, vos paroles ont été enregistrées et elles existent toujours : ce n'est pas un papier, mais c'est encore mieux qu'un papier, c'est un film parlant !

Une promesse n'est jamais sans conséquence. Vous êtes enregistré. Et si vous vous montrez négligent, la Justice divine, qui n'a pas besoin de papiers pour avoir des preuves de vos paroles ou de vos actes, vous jugera comme un être sur qui on ne peut pas compter.

27 Septembre

Tant que vous n'avez pas appris à alimenter le feu dans votre âme, il ne sert à rien de réclamer la présence divine. Même si quelqu'un vous donne cette présence, vous la perdrez très vite, car un feu que vous ne savez pas entretenir en vous, s'éteint. Vous voudriez recevoir la Divinité comme les chrétiens reçoivent l'hostie que leur donne le prêtre. Mais Dieu n'est pas dans l'hostie ; l'état divin, chacun de nous doit le préparer, le gagner, le conquérir, l'alimenter.

Ce que l'Église a inculqué à ses fidèles n'est pas toujours conforme aux lois divines. Pourquoi s'approprie-t-elle le droit de donner Dieu ? Elle dit : « Ouvrez la bouche. En bénissant l'hostie, nous vous fournissons le divin. » Et elle entretient ainsi les chrétiens dans la paresse ; c'est pourquoi tellement d'entre eux restent dépendants et faibles. Personne jamais ne vous donnera Dieu. C'est à vous de Le trouver, en vous efforçant chaque jour de devenir les conducteurs de sa sagesse et de son amour ; et lorsqu'Il pénétrera en vous, vous goûterez la vie éternelle.

L'imagination ne sert le plus souvent aux humains qu'à donner satisfaction à leurs désirs inférieurs. L'un désire embrasser une femme, l'autre réaliser des ambitions politiques, un troisième emporter un marché en évinçant tous ses concurrents… et voilà leur imagination qui se met au travail en leur présentant le succès de leur entreprise. Il se peut, en effet, qu'à force d'imaginer ils finissent par réussir, mais quel avantage en résultera-t-il pour leur évolution ?…

Le disciple apprend à utiliser son imagination pour s'ennoblir, se reconstruire, et faire un travail pour le bien du monde entier. Pourquoi ne pas imaginer que sur toute la terre les humains deviennent bons, intelligents, honnêtes, beaux, et que partout règnent l'abondance et la joie ? Si vous travaillez pendant des années à n'imaginer que ce qui est positif, cela commencera à se réaliser. Et si les êtres qui travaillent dans la même direction sont de plus en plus nombreux, la réalisation se fera encore plus vite.

En présence de certains êtres, en voyant l'expression de leur visage, leur regard, tout ce qui émane d'eux, c'est immédiatement le mot lumière qui vient à l'esprit. Comme si dans leur cœur, dans leur âme, ils étaient capables de distiller une matière impondérable, puis de la projeter sous forme de lumière. Ou alors, comme s'ils avaient capté quelque chose de la lumière diffuse dans l'espace et l'avaient condensée en eux. Leur corps entier semble fait d'une substance translucide à l'intérieur de laquelle brûle une flamme.

Pour beaucoup, cette lumière reste un grand mystère, parce qu'ils ne savent pas qu'elle est le résultat de processus très réels de la vie intérieure : le sage, l'Initié, l'a obtenue par un travail de tous les instants. De chaque pensée, de chaque désir, de chaque sentiment et de chaque acte qu'il parvient à rendre plus désintéressé, plus généreux, plus pur, il retire une quantité infinitésimale de lumière.

30 Septembre

Vous souhaitez comprendre les autres, les aider : cela ne nécessite pas obligatoirement que vous ressentiez et que vous viviez exactement ce qu'ils vivent. Il est même préférable de ne pas le vivre, car c'est une forme de sympathie qui vous maintient le plus souvent dans le plan astral. Ce qu'il faut, c'est essayer de s'élever jusqu'au plan mental* pour réfléchir, raisonner.

Si vous êtes suffisamment attentif, si vous savez écouter les gens, les observer, à partir de quelques éléments que vous découvrez, il vous est possible, en vous exerçant, de deviner ce qu'ils sont, ce qu'ils sentent, ce qu'ils pensent, ce dont ils ont besoin, sans en être vous-même affecté. Certains êtres ont ainsi une pénétration psychologique qui est une forme de clairvoyance. Le danger, c'est de se contenter de sentir sans comprendre, sans y voir clair, car non seulement on est vulnérable, mais on ne trouve pas les solutions qui permettent d'aider les autres.

* Voir note et schéma, p. 372 et 373.

Celui qui aborde un Enseignement initiatique avec la volonté d'acquérir des connaissances qui lui donneront les pouvoirs, l'argent, la gloire, s'expose à de grands dangers. Il ne sait pas qu'il est en train de jouer à l'apprenti sorcier avec les puissances de l'âme et de l'esprit. Et alors, que se produira-t-il ? Il va déclencher, jusque dans son corps physique des forces formidables qu'il ne pourra bientôt plus contrôler.

On a vu ainsi dans l'histoire des cas de personnes qui, s'adonnant aux sciences occultes, ont très mal fini, et tout le monde était stupéfait. Pendant des années ces êtres avaient donné d'eux l'image de la sagesse : on les voyait uniquement occupés à l'étude, à la réflexion, à la méditation. Et puis un jour, comme si une force incontrôlable s'était emparée d'eux, ils se livraient à des actes insensés de débauche, de violence : les quelques succès qu'ils avaient remportés leur avaient fait perdre la tête. Ils ne savaient pas que plus on désire s'élever, plus on doit se montrer exigeant envers soi-même, et devenir encore plus désintéressé, encore plus humble.

2 *Octobre*

Dans les ateliers du Seigneur les humains ont tous été construits pour comprendre et pour vivre les mêmes réalités divines. Or, sur la terre ils ont surtout tendance à souligner et à revendiquer leurs différences, leurs oppositions, ce qui ne cesse d'entraîner malentendus et affrontements. Il reste, bien sûr, quelques besoins fondamentaux qu'ils reconnaissent : manger, boire, dormir, se loger, mettre des enfants au monde, etc. Là, tout le monde est à peu près d'accord, mais pour le reste c'est l'incompréhension générale, la tour de Babel mentionnée dans le livre de la *Genèse*. Chacun dit : « À mon avis, c'est comme ceci… Moi, je pense comme cela ». Très bien, mais que fait-il de l'avis des autres ?

Bien sûr, chacun de son point de vue peut avoir raison, mais la raison de chacun produit la bagarre générale. Ainsi va le monde, comme on dit. Et le monde va de bagarre en bagarre, parce que chacun veut faire triompher « sa » raison.

3 Octobre

Avant de vous plaindre ou de vous révolter contre les épreuves, les obstacles, pensez à les considérer comme des occasions d'apprendre à ne compter que sur les forces spirituelles qui sont en vous. Si vous étiez tranquille, satisfait, si rien ne vous dérangeait, vous resteriez à la surface des choses ; tandis que dans l'isolement et la tristesse, vous êtes obligé de quitter la surface pour chercher du secours en vous. Et le rôle de l'Initiation est justement d'enseigner au disciple à rentrer en lui-même pour y trouver la véritable force, le véritable soutien.

Autrefois, l'Initiation se faisait dans les temples ; maintenant, elle se fait partout dans la vie, et aux moments où l'on s'y attend le moins. Vous pensez : « Mais pourquoi ne sommes-nous pas prévenus par quelques signes, des épreuves que nous aurons à traverser ? » Parce que, dans l'imprévu, nous sommes obligés de chercher le salut très profondément en nous-même et donc de faire de plus grands efforts.

Méditer est un exercice difficile, c'est vrai, mais souvent aussi les difficultés viennent de ce que vous cherchez à vous concentrer sur des sujets disparates, ou quelquefois même sur des notions abstraites qui vous dépassent trop pour que la méditation soit efficace. Alors, si vous éprouvez des difficultés à méditer, commencez par vous concentrer sur la lumière : ce n'est pas difficile, vous savez tous ce qu'elle est.

Cet exercice de concentration sur la lumière, vous pouvez le faire seul. Mais vous pouvez le faire aussi avec d'autres personnes : vous vous sentirez ainsi soutenus dans vos efforts, et tous ensemble vous produirez une vibration identique d'une grande puissance, car chacun vibrera à l'unisson avec la lumière. Et cette vibration amplifiée, multipliée, ira toucher des milliers de créatures dans le monde auxquelles elle apportera clarté et réconfort.

5 Octobre

Vous voulez savoir où vous irez en quittant ce monde ? C'est très simple : vous serez tout naturellement attiré par les régions vers lesquelles, pendant toute votre vie, vous aurez dirigé vos désirs. Si vos désirs étaient très élevés, vous irez dans les régions de la lumière ; s'ils étaient vils et bas, vous irez rejoindre les ténèbres. De la bonne compréhension de cette loi dépend votre destinée. Si certains parmi vous mettent leurs énergies à demander l'intelligence, l'amour, la beauté, qu'ils soient absolument sûrs qu'aucune force ne sera capable de les empêcher de rejoindre cette région à laquelle leur cœur aspire.

Parce qu'ils refusent l'idée d'une autre vie que la vie terrestre, combien d'hommes et de femmes se permettent toutes sortes d'actions malhonnêtes et criminelles pour satisfaire leurs convoitises ! Et ils pensent qu'avec leurs ruses et leurs calculs, ils se débrouillent bien. La vérité, c'est surtout qu'ils se trompent bien, et à cause de leur ignorance ils se préparent souvent de terribles souffrances dans l'autre monde.

6 Octobre

Quand vous vous éveillez le matin, il ne vous est pas toujours facile de retrouver le contact avec les puissances créatrices et lumineuses de la vie. Cela dépend beaucoup de la manière dont vous avez vécu la journée précédente.

Le matin est lié au soir et le soir au matin. Chaque moment doit être préparé à l'avance. Le soir, il faut penser au lendemain matin, et le matin, il faut penser au soir qui viendra. Il est très important que le soir, en vous endormant, vous ne partiez pas pour l'autre monde dans n'importe quel état d'esprit, car vous avez à vous présenter devant des êtres très élevés. Vous devez donc vous préparer à ce voyage en vous apaisant, en vous purifiant. Et si avant de vous endormir, vous vous sentez tourmenté, angoissé, ne restez pas au lit. Il faut être extrêmement puissant pour pouvoir se défendre en étant couché ; debout, il est plus facile de réagir. Donc, levez-vous, dites quelques prières, faites quelques gestes et ne vous recouchez pas avant d'avoir rétabli l'harmonie, la paix et la lumière en vous.

Les humains ont l'habitude de répondre au mal par le mal, à la haine par la haine, à la violence par la violence, mais cette vieille philosophie ne peut pas donner de bons résultats. C'est par le bien que l'on s'oppose au mal, c'est par l'amour que l'on chasse la haine, et par la douceur que l'on combat la violence.

Si le mal finit par être vaincu, c'est que Dieu lui a refusé l'immortalité. Toute parole, tout acte de haine peut être comparé à une pierre jetée en l'air : plus le temps passe, moins elle a de force pour s'élever. Au contraire, une bonne parole, un acte de bonté peut être comparé à une pierre que l'on jetterait du haut d'une tour : avec le temps son mouvement et sa puissance s'accélèrent. C'est là le secret du bien : il est faible au commencement, mais tout-puissant à la fin. Le mal au contraire est tout-puissant au début, mais il va en s'affaiblissant.

Du matin au soir les gens se rencontrent et se saluent, mais ils le font le plus souvent machinalement, avec indifférence, sans amour. Même dans les familles, même dans les couples…

Regardez, au moment de sortir un mari embrasse sa femme : « Au revoir chéri, au revoir chérie… » et il n'y a rien dans leur baiser, ils s'embrassent par habitude. Alors, ça ne vaut pas la peine, ça ne sert à rien. Si l'on embrasse quelqu'un, ce doit être pour lui donner quelque chose de bon, pour le vivifier, pour le ressusciter. Mais quels sont les hommes et les femmes qui en sont conscients ? C'est quand le mari est chagriné, malheureux, qu'il va embrasser sa femme pour se consoler, et il lui donne sa tristesse, son découragement ! Et sa femme qui les a reçus les lui rendra d'une façon ou d'une autre… Oui, les hommes et les femmes font sans cesse des échanges entre eux, mais que sont ces échanges ? Dieu seul le sait… ou plutôt ce sont les diables qui le savent ! Il n'est pas interdit d'embrasser quelqu'un, au contraire, mais il faut savoir comment et quand l'embrasser pour lui communiquer la vie éternelle.

9 Octobre

On peut définir le destin comme une forme archétype qui s'impose à chaque être au moment de sa naissance. Ce sont les Vingt-quatre Vieillards qui décident de cette forme. Les Vingt-quatre Vieillards que la Kabbale situe dans la séphira *Binah* représentent la plus haute juridiction.* Ce sont eux qui édictent les décrets concernant les formes des destins ; les formes physiques que nous voyons sur la terre sont le lointain reflet des formes décrétées en haut. Une de ces formes archétypes est projetée dans la femme qui porte un enfant et c'est à partir de cette forme que la future mère va travailler, et une fois décrétée, rien ne peut plus la changer, elle descend dans la matière pour s'y réaliser. Il ne sert à rien d'aller plus tard consulter des astrologues pour pouvoir prendre des précautions et échapper aux épreuves et aux difficultés ; tout est prévu pour que « ce qui est écrit » s'accomplisse.

Le seul moyen de se concilier les Seigneurs des destinées, c'est d'accepter leurs décrets avec humilité et amour, en sachant qu'ils sont justes. Alors, le plus sage est de considérer les difficultés et les épreuves de cette existence comme des problèmes à résoudre, en sachant qu'ils représentent pour chacun le meilleur moyen d'évoluer.

* Voir tableau et note, p. 374-376.

Vous éprouvez certains troubles… Eh bien, sachez qu'ils proviennent d'éléments étrangers à votre organisme physique, ou à votre organisme psychique ; ils se sont introduits insidieusement en vous et provoquent des perturbations. Mais chassez ces éléments, et tout se rétablit. Comment les chasser ? En vous purifiant.

Vous devez enfin comprendre l'importance de la pureté, combien elle est nécessaire pour le bon fonctionnement de votre organisme physique comme de votre organisme psychique. Se purifier, c'est apprendre à bien se nourrir. Et je ne parle pas tellement de la nourriture physique, bien que là aussi vous ne sachiez pas toujours comment la choisir, je parle surtout des nourritures du plan astral, les sentiments, et du plan mental,* les pensées. Vous avalez sans discernement n'importe quelle pensée, n'importe quel sentiment, et ensuite vous vous étonnez d'avoir une indigestion ou d'être empoisonné. Apprenez à faire un triage, et toutes les bénédictions viendront sur vous : la pureté vous rendra plus sage, plus fort, plus beau et mieux portant.

* Voir note et schéma, p. 372 et 373.

Vous avez un idéal ? Demandez-vous chaque jour si vous lui êtes vraiment fidèle. Si vous le trahissez, vous perdrez la confiance des esprits lumineux du monde invisible. Oui, car ils vous observent, et s'ils voient que vous faiblissez, que vous allez vous égarer sur d'autres voies sous prétexte qu'elles vous paraissent plus faciles, plus agréables, ils ne vous estiment plus, ils ne vous soutiennent plus. Vous direz : « Mais est-ce si grave ? » Oui, car une fois livré uniquement à vos propres ressources, vous ne pourrez pas réaliser grand-chose.

On peut aimer le changement, avoir un jour une activité, le lendemain une autre, il n'y a rien de mauvais à cela. Ce qu'il ne faut pas, c'est changer d'orientation intérieure, abandonner le chemin de la lumière. L'existence est vaste et riche, et il n'est pas interdit d'explorer cette richesse et cette diversité, mais à condition de maintenir une bonne orientation intérieure.

12 Octobre

Les humains vous décevront, ils vous feront souffrir, c'est inévitable, mais laissez votre source couler, c'est-à-dire ne vous arrêtez pas d'aimer. Vous direz : « Mais on en a assez d'être toujours malmené, trompé, lésé. » Il vaut mieux être malmené, trompé et lésé que d'empêcher sa source intérieure de couler. Les pertes, les déceptions, vous pouvez toujours les réparer, mais si la source de l'amour ne coule plus, vous êtes perdu, intérieurement vous devenez un marécage.

Évidemment, il est souhaitable de savoir comment orienter l'eau de cette source, comment la canaliser, afin qu'elle n'aille pas couler n'importe où, dans n'importe quel jardin pour favoriser la croissance des herbes folles ou des orties. Il ne faut pas laisser tarir la source, mais il n'est pas interdit de la protéger, de veiller à ce qu'elle coule pour n'alimenter que les enfants de Dieu. Et les autres, que doit-on faire avec eux ? Ce n'est pas notre affaire, la vie se chargera d'eux.

Vous allez dans un magasin faire des achats : en échange de ce que vous demandez, vous devez toujours donner quelque chose. Cela s'appelle un paiement. Si vous ne voulez pas payer, on ne vous donnera rien. Il en est de même dans le plan spirituel. Mais là il s'agit d'une autre forme de paiement. Les entités célestes vous disent : « Donne-nous ton cœur et nous te donnerons ce que tu demandes. » Mais vous répondez : « Je ne peux pas, mon cœur est pris, je l'ai donné déjà à d'autres. J'ai une femme, des enfants, une maîtresse (ou un amant), des habitudes dont je ne peux pas me passer, je n'ai plus de cœur à donner. » Voilà pourquoi vos prières ne sont pas exaucées.

Vous vous imaginez toujours que vous pourrez obtenir l'aide du Ciel, sa paix, sa lumière, sans rien donner en échange. C'est impossible : pour obtenir les bénédictions du Ciel, vous devez lui donner au moins une part de votre attention consciente, de votre amour, de votre temps, de vos efforts quotidiens.

Tant que l'esprit ne la pénètre pas pour l'animer, la matière reste inerte, informe. On peut symboliser l'esprit par un point, et la matière, par un cercle autour du point. Cette figure du cercle et du point central, l'Intelligence cosmique l'a placée partout : dans les fruits où la chair entoure le noyau ou les pépins, dans les yeux, sur certaines parties du corps de l'homme et de la femme ; elle correspond même à la structure de la cellule, de l'atome et du système solaire… Partout vous verrez ce symbole. Toute la vie, toute la création est dans ce symbole : un cercle au centre duquel le point, l'Esprit cosmique, vivifie l'univers.

Les Initiés, qui ont compris la puissance de ce symbole, ne demandent qu'à posséder ce point en eux-mêmes : l'esprit. Et nous tous aussi, nous sommes des cercles qui devons rechercher ce point central : l'Esprit Saint. Tant que nous resterons un cercle sans point, nous serons dans le désordre, le vide, le chaos. Mais le jour où ce point, l'Esprit, viendra s'installer en nous pour nous animer, nous éclairer, nous serons dans la plénitude et nous deviendrons créateurs.

Si jamais la Bible et tous les Livres sacrés de l'humanité disparaissaient, on pourrait les rétablir, parce qu'ils ont leur origine dans le seul véritable livre, le Livre de la vie, c'est-à-dire l'univers et l'être humain lui-même, qui sont les dépositaires de la parole de Dieu.

La parole divine que transmettent les textes sacrés n'est pas une parole au sens habituel de ce terme. Dieu ne s'est jamais adressé à un être humain dans une langue humaine pour se révéler à lui ou lui donner des instructions. C'est l'être humain qui parvient à lire, à entendre, à déchiffrer la parole de Dieu dans la nature et en lui-même. Car le Verbe divin, la lumière originelle forme la substance de tout ce qui existe. Méditez le troisième verset de la *Genèse : « Dieu dit : Que la lumière soit »,* et le premier verset de l'*Évangile de saint Jean* qui lui fait écho : *« Au commencement était le Verbe. »* De cette lumière originelle, de ce Verbe divin, la parole humaine n'est qu'une expression très lointaine et très affaiblie.

Vous décidez de marcher sur le chemin de la lumière, vous cherchez à retrouver en vous l'image de Dieu, vous désirez que les entités célestes vous aident dans votre travail… Ne vous imaginez pas que vous avez à faire pour cela des choses extraordinaires. Non, il vous suffit de commencer par cette chose très simple : prendre conscience de toutes les richesses que vous avez déjà reçues et chercher à les faire fructifier pour pouvoir aussi les partager avec les autres. Voilà les meilleurs exercices.

Efforcez-vous désormais de devenir attentif à ce que vous avez jusqu'à maintenant négligé. Ne laissez pas passer une journée sans trouver au moins une chose qui vous donne une joie, une clarté… Concentrez toute votre attention sur elle et demandez-vous comment la faire partager aux personnes que vous rencontrez. Tant que vous ne vous déciderez pas à adopter cette attitude, les entités célestes se détourneront de vous, les portes du monde invisible se fermeront… sauf une, celle des ténèbres et de la souffrance.

La souffrance ou la joie que l'homme éprouve sont peut-être les seules choses dont il ne doute pas. Il peut douter de ce qu'il voit, de ce qu'il entend, de ce qu'il touche ; mais de ce qu'il ressent, il ne peut jamais douter. S'il souffre ou s'il se sent joyeux, personne ne peut le persuader du contraire. C'est ce qu'il ressent qui le plonge au cœur des choses, il les goûte, il les vit. Devant ce qu'elles voient, combien de personnes ne sentent rien ! Elles voient un lever de soleil, qui est l'un des plus beaux spectacles de la nature, et elles n'éprouvent rien. À quoi ça sert, alors, de le voir ? À quoi ça servirait de voir le Ciel ouvert devant vous, si vous n'éprouvez rien devant cette splendeur ? Tandis que, si vous sentez le Ciel, c'est comme s'il était en vous et vous n'avez même plus besoin de le voir.

Il faut comprendre : tout ce que nous voyons, touchons et croyons tenir entre nos mains, est en réalité loin de nous. Seul ce que nous ressentons est proche de nous. C'est pourquoi la vraie clairvoyance est dans la sensation intérieure, profonde, et non dans la vision de quelque chose d'extérieur à nous.

18 Octobre

Même si on le définit tout simplement comme une absence de bruit, il y a encore beaucoup de choses à dire sur le silence.

En nous, le silence est le résultat du parfait fonctionnement de nos organes : rien ne grince, tout marche parfaitement, comme une machine aux rouages bien huilés. Ainsi le silence sous-entend la santé, la paix, l'harmonie : l'ensemble sonne juste, parce que toutes les parties sont accordées. Mais il arrive que du bruit se fasse entendre. Le bruit, ce sont les malaises physiques et psychiques. Tous les dysfonctionnements représentent symboliquement du bruit, et ce bruit a pour origine quelque chose qui a été mal conçu, mal pensé. Ou bien alors, c'est qu'il manque de l'huile. Remarquez le bruit que fait un vieux moteur mal huilé. Tandis que les étoiles, elles, roulent dans le silence… Cette huile en nous, c'est l'amour, qui harmonise toutes choses.

19 Octobre

Celui qui s'éloigne du soleil sent le froid et l'obscurité, et sa vitalité diminue. Mais qu'il s'approche du soleil, la lumière augmente, la chaleur augmente et la vie aussi augmente. Alors, la conclusion est simple : toutes les créatures qui se sont éloignées du soleil spirituel, Dieu, perdent la lumière, la chaleur et la vie. C'est pourquoi ensuite leurs pensées, leurs sentiments et leurs actes portent l'empreinte de ces manques. Tandis que tous ceux qui tournent leur regard vers Dieu, reçoivent ses bénédictions et font des merveilles.

Malheureusement, à l'heure actuelle, on voit paraître toute une littérature qui tend à éloigner les humains de la Source, qui détruit la foi, la morale, le sens du sacré, du divin. Alors, lisez ces livres si vous voulez, par curiosité, mais ne vous laissez pas influencer. Accordez toute votre attention à d'autres livres, et surtout à celui qui mérite le plus d'être lu : le livre de la nature vivante. Il vous apprendra comment vous approcher du soleil spirituel pour recevoir sa lumière, sa chaleur et sa vie.

Le souci des artistes, qu'ils soient peintres, musiciens, poètes, danseurs, etc., c'est de trouver des expressions nouvelles : il n'est pas question qu'ils répètent ce que d'autres ont fait avant eux. Mais se demandent-ils si, en cherchant la nouveauté à tout prix, ils ne sont pas en train de s'éloigner de plus en plus de la source de la beauté et de l'harmonie ? Car la nouveauté, il est toujours plus facile de la trouver en se laissant glisser dans les régions inférieures du plan astral qu'en faisant l'effort de se hisser jusqu'aux sommets de la véritable inspiration.

Combien de soi-disant artistes ne savent même pas ce qu'est l'art ! Ils n'ont aucune science, ils s'abandonnent seulement à l'instinct, à l'impulsion de créer. Bien sûr, quelle que soit la direction que l'on prenne, bonne ou mauvaise, on peut créer. En s'éloignant de la Source, du soleil spirituel, on trouve aussi des formes, des aspects nouveaux. Mais ces formes et ces aspects nouveaux appartiennent souvent à un monde d'obscurité, de désordre, de chaos : ils commencent par détruire les « artistes » qui s'y sont aventurés, et cela n'apporte rien de bon au public qui prend connaissance de ces œuvres.

En bas, dans la plaine, combien de fois la poussière et les brouillards empêchent d'avoir une vision claire des choses ! Mais si on quitte la plaine pour les sommets, tout apparaît clairement. Ces phénomènes du plan physique ont leur correspondance dans le plan psychique. Symboliquement, la poussière représente les agissements de l'intellect ordinaire occupé aux calculs, aux trafics, aux affaires louches. Quant au brouillard, il représente les sentiments troubles, la sensibilité maladive.

C'est le plan mental inférieur qui produit la poussière, et c'est le plan astral inférieur avec ses effervescences qui produit des nuages et des brouillards ; dans les deux cas, il ne peut y avoir de vision claire. C'est pourquoi, par la méditation, la prière, la contemplation, le disciple doit chercher à s'arracher aux régions des poussières et des brumes pour se projeter enfin dans la clarté.

Monarchie, république, oligarchie, synarchie, etc., au cours de l'histoire, les humains n'ont cessé de faire des expériences plus ou moins réussies pour tenter de trouver la meilleure forme de gouvernement. En réalité, il n'y a aucune solution idéale : quelle que soit la forme de gouvernement, l'ordre, la paix et l'harmonie ne régneront nulle part tant que les humains n'auront pas appris à introduire l'ordre, la paix et l'harmonie en eux-mêmes. Et pour réaliser cet état idéal, il faut d'abord connaître la structure psychique de l'être humain.

L'être humain possède un intellect, un cœur et une volonté. Par son intellect il pense ; par son cœur il éprouve des sentiments ; et par sa volonté il agit. C'est à travers ces trois facteurs qu'il se manifeste sur la terre. Quand il réussit à installer la sagesse dans son intellect, l'amour dans son cœur et la force dans sa volonté, il réalise en lui-même cette trinité qui le rend semblable à la Trinité divine de la lumière, de la chaleur et de la vie. C'est ainsi qu'il règne sur sa propre existence. À ce moment-là, peu importe la forme du gouvernement. Pour installer l'ordre, la paix et l'harmonie dans le monde, il faut commencer par le commencement : le commencement, c'est l'être humain lui-même lorsqu'il est devenu la tête, le roi de son propre royaume.

Les parents, les éducateurs qui se préoccupent vraiment de l'avenir des jeunes doivent comprendre qu'il ne suffit pas de leur donner une formation d'électronicien, de chimiste, de biologiste, mais qu'ils doivent les préparer à affronter l'existence dans les meilleures conditions. Si on n'explique pas aux adolescents les difficultés extérieures, et intérieures surtout, qu'ils vont fatalement rencontrer plus tard, comment considérer ces difficultés et quelle attitude avoir pour les résoudre, devant les moindres inconvénients ils vont succomber.

Prenons un exemple très simple. Si quelqu'un ne connaît pas l'alternance des saisons, s'il ne sait pas qu'un jour viendront l'hiver et le froid, que va-t-il lui arriver ?… Tandis que s'il est averti, il préparera de quoi se chauffer, des vêtements, de la nourriture, et il traversera tranquillement l'hiver. Eh bien, la plupart des jeunes se lancent dans l'existence comme s'ils ne savaient pas qu'il y aura nécessairement des hivers.

Parce que quelqu'un a dit ou fait quelque chose qui vous irrite, vous voilà en train de raconter partout que vous êtes furieux et pourquoi. On essaie de vous calmer en vous disant que ce n'est pas si grave, que vous feriez mieux de laisser tomber ça et de penser à autre chose, mais non, vous continuez à vous agiter, à crier contre « cet idiot, cet abruti qui va voir ce qu'il va voir ». Est-ce intelligent ? Pendant ce temps, l'idiot, l'abruti est tranquillement chez lui, bien à l'abri de vos cris et de votre agitation.

Alors, qui est-ce qui souffre de votre colère ? Votre entourage, vos parents, vos amis, qui n'ont pas mérité d'avoir leur existence ainsi troublée. Mais celui qui souffre le plus, c'est vous. Oui, car avant d'atteindre les autres, c'est vous tout d'abord qui êtes traversé par les courants de votre vie psychique. Celui qui décide de vivre dans l'harmonie est le premier à profiter de cette harmonie, et celui qui se laisse aller à la colère, au désir de vengeance, se détruit d'abord lui-même. Il finira peut-être par détruire aussi les autres, mais c'est à lui qu'il fera le plus de mal. Parce que ce désordre qu'il a installé en lui le suivra jusque dans sa prochaine incarnation.

L’être humain est sorti de Dieu, il a son origine en Dieu, c’est donc Dieu qui agit et travaille à travers lui. Et puisqu’il a son origine en Dieu, un jour il retournera en Lui ; il disparaîtra en tant qu’entité personnelle et se fondra en Dieu. Bien sûr, beaucoup repousseront cette idée, soit qu’elle leur paraisse absurde, soit qu’ils y voient une atteinte inacceptable à leur liberté individuelle. Mais qu’ils le veuillent ou non, la réalité est là.

Un jour l’être humain retournera en Dieu. Alors le plus souvent possible, au lieu de perdre votre temps à des futilités, à ressasser vos soucis, vos griefs, etc., pensez à cette âme divine qui est vous-même, mais qui n’est pas encore tout à fait vous-même parce que vous ne savez pas comment la rejoindre. En répétant souvent cet exercice, vous sentirez peu à peu que vous découvrez votre véritable prédestination.

Il y a dans la vie des situations difficiles où vous sentez qu'une fausse manœuvre, une parole, une intervention, un geste maladroit peut vous être fatal. Donc, quand vous vous trouvez dans ce genre de situation, commencez par éviter toute précipitation, faites le silence en vous et liez-vous à l'esprit afin qu'il vienne contrôler vos pensées ; les pensées contrôleront les émotions et les sentiments, qui à leur tour contrôleront vos gestes, votre voix, vos paroles. C'est ainsi que vous trouverez la bonne attitude, les bonnes réactions.

Quelles que soient les conditions, ce doit être pour vous un réflexe instinctif : commencez par vous lier à l'esprit. C'est comme un branchement que vous faites : vous placez votre être sous le contrôle de l'esprit, et de proche en proche tout s'organise et s'ordonne. Vous agissez alors d'une façon équilibrée, harmonieuse, et vous remportez la victoire, vous êtes sauvé.

À la différence de l'orgueilleux qui a tendance à s'enfermer dans une solitude méprisante, le vaniteux va se montrer partout : il a besoin d'être remarqué, recherché, invité, photographié, glorifié. Et même s'il se rend compte que cette faiblesse lui coûte cher (perte de temps, d'argent), il lui est très difficile de la vaincre : son besoin de reconnaissance, de célébrité, reprend chaque fois le dessus et l'amène à faire toutes sortes de dépenses inutiles et même nuisibles. Alors, quelle est la solution ?

Il est naturel de vouloir être reconnu, célèbre, mais il faut donner à ce besoin une autre orientation : au lieu de vouloir être glorieux sur la terre, parmi les humains, chercher la gloire dans le Ciel, parmi les anges et les archanges. Celui qui remplace la gloire terrestre par la gloire divine, est sur la voie du salut : c'est sa vanité qui le conduit au Ciel ! Le jour où on comprend que c'est au Ciel qu'on doit chercher à plaire en travaillant sur soi-même, alors non seulement la vanité est permise, mais elle est même recommandée.

28 Octobre

On rencontre parfois des gens très ordinaires qui prétendent avoir reçu une mission grandiose. Ils n'ont ni facultés ni dons particuliers, mais ils sont persuadés que le Ciel les a choisis pour rétablir l'ordre dans le monde ou apporter une nouvelle religion. On se demande d'où ont bien pu leur venir de pareilles idées.

Bien sûr, en venant sur la terre, nous avons tous reçu une mission. Encore faut-il savoir laquelle. « Quelle mission ? » demanderez-vous. Celle de développer tous les germes des qualités et des vertus que le Ciel a déposés en nous. Et pour cela déjà, quel travail ! Combien de siècles, de millénaires encore, avant que nous parvenions à découvrir et à manifester toutes les richesses que nous portons en nous ! Maintenant, que le Ciel choisisse un être pour une mission particulière, c'est possible aussi. Mais la mission collective des humains est de se développer peu à peu jusqu'à la perfection. Même s'ils sont chétifs, médiocres, ils ont cette mission à accomplir : travailler, s'améliorer, évoluer.

Combien de gens raisonnent comme la souris qui s'approche d'une souricière ! Il y a là un morceau de lard qui la tente… Elle se doute bien un peu du danger, mais elle croit pouvoir entrer et sortir très vite. Alors, elle se précipite, mais la souricière se referme encore plus vite et la retient. De la même façon quelqu'un se dit : « Je suis très malin, je parviendrai à manger ce petit morceau (traduisez : goûter certains plaisirs, donner libre cours à ses tendances instinctives), rien ni personne ne pourra m'attraper. Je prendrai vite ce que je veux et je ressortirai. » Impossible, il y a une loi qui joue. Dès qu'il touche la trappe, le voilà prisonnier.

Jusqu'à présent, nul n'a pu échapper à la nature, car elle possède des souricières. Chaque tendance inférieure à laquelle vous vous laissez aller déclenche la fermeture de la trappe, et ensuite, sans savoir pourquoi, vous éprouvez des malaises. Ne vous faites pas d'illusions, même la personne la plus intelligente, la plus habile ne peut échapper aux lois fixées par l'Intelligence cosmique.

30 Octobre

« C'est à la sueur de ton visage que tu mangeras du pain jusqu'à ce que tu retournes dans la terre d'où tu as été pris. » Telles sont, dans la *Genèse,* les paroles que Dieu a adressées à Adam après la chute.

Mais maintenant une nouvelle lumière vient dans le monde pour redonner un sens à toutes les activités humaines ; et cette lumière apporte une autre compréhension du mot « travail ». Que vos occupations soient intellectuelles, artistiques, physiques, même si vous vous reposez et vous promenez, vous devez non seulement éviter tout ce qui peut ressembler à la stagnation, mais introduire en vous un état d'activité ordonnée et harmonieuse. Le vrai travail, c'est d'accorder tous les courants et les énergies en soi, et en dehors de soi, afin de les faire converger vers la Source de la vie, la Cause première. Voilà le seul et unique point de vue sous lequel le disciple doit envisager le mot « travail ».

Combien de gens sont fiers de rejeter toute autorité ! Ils prétendent qu'ils n'ont besoin de personne pour les conseiller, les guider dans leur vie. Eh bien, ils se trompent, nous avons tous besoin de guides.

Si nous voulons vraiment notre épanouissement, notre salut, nous devons comprendre combien il est important d'être guidés par les grands esprits qui ont vécu sur la terre ou qui y vivent encore. Ces êtres, qui ont étudié, qui ont fait tellement plus d'expériences que nous, qui connaissent tellement mieux la vie, qui ont résolu avant nous tellement de problèmes, sont comme des livres vivants qui nous communiquent les connaissances qu'ils possèdent. Nous vivons, nous agissons, nous pensons, mais grâce à eux quelque chose d'autre vient s'ajouter à nos propres expériences, quelque chose de supérieur, de plus riche que nous et qui nous aide.

Aussi souvent que vous le pouvez, tournez votre pensée vers les anges, les archanges et toutes les hiérarchies angéliques, imprégnez-vous de leurs vertus, et ainsi vous vous vivifierez, vous vous éclairerez et vous enrichirez votre monde intérieur. Mais en même temps, tâchez de rester modeste, en sachant que beaucoup de ces entités seront encore pour très longtemps hors de votre portée. Commencez par chercher à vous lier aux saints, aux Initiés, aux grands Maîtres dont la mission est de s'occuper des humains. Ensuite, vous pouvez vous élever encore pour essayer d'atteindre les Anges, car les Anges sont les plus proches des hommes, ils les écoutent, les aident, les exaucent. Vous pouvez aussi invoquer les Archanges, mais n'essayez pas d'aller au-delà.

Les mondes sont innombrables dans l'espace infini, et les hiérarchies supérieures, qui ont d'autres travaux à exécuter très loin dans l'espace, ne sont pas en relation avec les humains. Vous devez connaître l'existence de ces hiérarchies supérieures, vous pouvez même les invoquer, mais en sachant que pour obtenir des résultats par la prière et la méditation, vous devez vous adresser à des entités plus proches de vous.

La puissance de la parole n'est pas seulement dans les mots, mais dans les vibrations de la voix. Dans les Mystères anciens, on enseignait les mots magiques seulement aux disciples qui étaient dignes de les connaître et capables de les prononcer. D'après une tradition, lorsque l'homme se présente devant les Juges suprêmes, ceux-ci lui ordonnent : « Parle ». Alors, il s'avance et il dit : « Formes d'éternité, me voici », et tout de suite ils savent comment le juger.

Cela n'est peut-être qu'une manière imagée de présenter les choses, mais prenez-la tout de même au sérieux. Lorsque vous devrez vous présenter un jour devant les Juges des âmes, ils vous diront : « Parle ». Et vous aurez beau vous exprimer avec éloquence dans les termes les plus choisis, ce n'est pas à cela que les Juges vont s'arrêter, parce qu'ils savent que la parole est trompeuse. Ils écouteront seulement le timbre de votre voix, ses vibrations. C'est la sonorité de votre voix qui leur montrera si ce que vous dites est vrai ou faux ; c'est l'authenticité de votre voix qui vous jugera.

On vous a trompé, on vous a déçu… C'est entendu, mais pourquoi aller vous plaindre partout ? Vous direz que c'est pour rétablir la justice… Mais voilà que cette conception de la justice est à l'origine de tous les malheurs. Au nom de la justice on croit qu'on peut punir les uns, donner des leçons aux autres. Laissez cette justice-là tranquille !

« Et alors, que faire ? » Avoir recours à un principe qui est au-delà de la justice, un principe d'amour, de bonté, de générosité. Il y a deux mille ans que Jésus a apporté ce nouvel enseignement aux hommes en disant : *« Aimez vos ennemis »*, ou *« Si quelqu'un te frappe sur la joue droite, présente-lui aussi l'autre. »* Mais les chrétiens continuent à appliquer la loi de Moïse : œil pour œil, dent pour dent. Ils n'ont pas encore compris que pour devenir vraiment grand et libre, il ne faut plus appliquer la loi du talion. Vous croyez que vous triompherez lorsque vous verrez votre ennemi terrassé ? Il se peut que vous ne soyez pas tellement fier de vous et même que vous vous repentiez de ce que vous avez fait. Mais il sera trop tard, et c'est ainsi que vous vous serez préparé de très mauvaises conditions pour votre évolution.

Le passé, le présent, l'avenir des créatures correspondent à différents degrés d'évolution. Oui, ce qui est le présent pour les animaux a été le passé des humains. Ce qui est le présent pour les humains est l'avenir pour les animaux. Ce qui est le présent pour les anges est l'avenir pour les humains. Ce qui est le présent pour les humains est le passé pour les anges. Si vous voulez savoir à quoi ressemblait le passé des humains, allez regarder le museau, la gueule ou le bec des animaux ! Pour avoir une idée de ce qu'est leur présent, c'est trop facile, je ne dirai pas qu'il faut regarder… la « gueule » des humains – car le visage humain même déformé est un reflet du visage de Dieu – mais leurs agissements.

Maintenant, pour connaître notre avenir, nous devons aller nous renseigner auprès des anges. Oui, par la pensée nous pouvons aller auprès des anges pour sentir, voir, comprendre ce que sera notre avenir.

Exaspérés par la conduite des enfants dont ils ont la charge, certains éducateurs ou même certains parents les foudroient du regard. Ils ignorent que ces enfants se souviendront toute leur vie de ces regards de haine. Car les enfants ne comprennent peut-être pas, mais ils sont sensibles et ils sentent ce que contient un regard. Une gifle ou une fessée, si c'est nécessaire, ne peut pas leur faire de mal, mais surveillez votre regard. Les enfants oublient vite les gifles et les fessées, mais ils n'oublient jamais les mauvais regards qu'on leur a lancés.

Des parents qui avaient des enfants particulièrement difficiles sont venus parfois me demander conseil, et je leur ai dit : « Si vous devez punir un enfant qui a fait une bêtise, parlez-lui calmement en lui donnant de bons regards. Dites-lui qu'il va recevoir une correction parce qu'il existe des règles contre lesquelles vous ne pouvez rien ; pleurez même un peu avec lui, s'il le faut, et après… allez, la fessée ! L'enfant comprendra que vous ne le punissez pas par méchanceté, mais pour lui apprendre l'existence de lois auxquelles nul ne peut échapper. C'est ainsi que vous mettez dans sa tête de véritables notions de justice. »

Quand on étudie l'histoire de l'humanité, on se rend compte que les religions ont été à l'origine des plus grands déchirements parce que leurs conceptions de la Divinité sont trop limitées. On parle du Dieu des juifs, du Dieu des musulmans, du Dieu des chrétiens comme s'il y avait plusieurs Dieux, et même seulement parmi les chrétiens, il y a tellement de divisions et de malentendus !... Mais la véritable religion ne peut être qu'une religion universelle, qui ne concerne pas uniquement quelques peuples, quelques nations, mais le monde entier.

Désormais, il faut donc aller plus loin et se tourner vers le Principe universel qui est à l'origine de toutes les religions. Le symbole de cette religion universelle est le soleil. Toutes les religions viennent du soleil, elles sont des ramifications de la religion solaire. Avant que les humains n'apparaissent, le soleil était là, et chaque jour il leur répète : « Ne vous occupez pas des petites différences qui peuvent exister entre vous. Faites comme moi, éclairez, chauffez et vivifiez toutes les créatures ! »

Pourquoi sommes-nous venus nous incarner sur la terre ? Pour nous connaître. Oui, car l'être humain en tant qu'esprit, étincelle jaillie du sein du Créateur, ne se connaît pas. Il se connaît dans le monde divin, en haut, mais il doit aussi se connaître en bas, à travers la matière, et il n'y arrive qu'après beaucoup de difficultés, beaucoup d'épreuves. Vous avez vu un chat jouer avec sa queue ? Comme il ne sait pas que c'est sa queue, il la mord et il est étonné de ce qu'il ressent. Vous aussi, comme ce chat, vous découvrez un jour l'existence de l'extrémité de votre être, là, dans le plan physique ; vous ne savez pas ce que c'est, alors vous mordez, et évidemment vous poussez des cris, parce que vous vous rendez compte que cette queue-là qui se promène est une partie de vous.

Un être humain ne se limite pas à ce qu'on voit de lui, il est une entité qui vit dans toutes les régions de l'espace et il doit apprendre qui il est. Pour le moment, il doit chercher à se connaître à travers la matière, son corps physique, et c'est ce qui rend sa vie tellement difficile, mais aussi tellement digne d'être vécue.

La nature nous donne le spectacle d'une extraordinaire diversité de formes, mais d'un autre côté on constate une grande similitude entre les individus qui appartiennent à la même espèce. Prenons l'exemple des arbres... Chêne, peuplier, figuier, quelle diversité dans les formes de leurs feuilles ! Mais les feuilles d'un même arbre se ressemblent toutes. Regardez aussi les poissons, les insectes : combien d'espèces et combien de formes différentes ! Mais pouvez-vous faire la différence entre une mouche et une autre mouche de la même espèce ?...

Maintenant, comparez les visages de plusieurs êtres qui ont une vie spirituelle intense : quelle différence et quelle richesse dans l'expression ! Et regardez des gens grossiers, très primitifs, qui n'ont aucune vie intérieure : ils ont une expression identique. D'un côté, c'est donc la simplification, et d'un autre la différenciation. Plus on s'élève, plus on se simplifie et s'unifie, mais aussi plus on devient expressif, vibrant, vivant, nuancé. Et plus on descend vers les régions inférieures, plus les formes se multiplient, mais plus l'individu perd de son expressivité.

Saint Paul définit la foi comme *« une démonstration des choses qu'on ne voit pas »*. Et en effet la foi nous ouvre l'accès à un monde inconnu, infiniment vaste, dans lequel nous commençons à respirer, à nous nourrir, à nous renforcer. Peu à peu, nous prenons connaissance de domaines qui nous étaient jusque-là inconnus, et alors, nous savons. C'est pourquoi il ne faut pas opposer foi et savoir, ils vont ensemble : la foi ouvre le chemin vers de nouvelles connaissances. On peut dire que la foi, c'est l'infini, et dans cet infini le savoir découpe un petit territoire. C'est la foi qui sonde l'infini, qui l'explore, qui nous lie à lui, qui nous y fait pénétrer toujours plus avant. Ainsi, notre connaissance du monde divin grandit, augmente, grâce à notre foi.

La foi précède toujours le savoir, c'est elle qui nous permet d'avancer. Pour savoir, il faut d'abord croire ; mais quand nous savons, nous n'avons plus besoin de croire, la foi nous porte alors vers un nouvel espace d'investigation. Et c'est ainsi que, peu à peu, la foi nous conduit à la connaissance parfaite.

L'esprit critique est certainement une qualité, mais il serait souhaitable que certaines personnes apprennent à mesurer l'étendue des dégâts produits par cette habitude qu'elles ont de toujours mettre l'accent sur le côté négatif des êtres et des choses. Combien d'amitiés et de relations sont rompues à cause de cette tendance ! De plus en plus les gens ne s'observent que pour découvrir leurs défauts, ils ne voient dans le monde que ce qui ne va pas, ils soulignent et commentent seulement les échecs et les catastrophes. Contrairement à ce que croient certains, ce n'est pas là l'attitude du sage.

Bien sûr, le sage n'est pas aveugle, il voit le mal, il ne se laisse pas tromper, mais il considère que l'essentiel dans la vie et chez les êtres, c'est le bien. Il sait donc que le mal est là, mais il ne s'occupe pas tellement de lui. Il fixe plutôt son attention sur le bien, et par cette attitude il attire les forces du bien et les fait grandir en lui-même, chez les autres et dans le monde.

Pour celui qui s'éloigne du centre, de la Source, du Seigneur, la situation ne cesse de se compliquer au point de devenir inextricable. Car dès le moment où, sous prétexte de se sentir libre, indépendant, il commence à dévier, à sortir de la lumière, à transgresser les lois, même s'il ne s'en rend pas compte tout de suite, il ne fait en réalité que se ligoter.

Prenons une image. Pendant l'été, le soleil brillait, il faisait chaud et la vie était très simple. Mais voici l'hiver qui approche : il faut prévoir le chauffage, on doit faire des réserves, on a besoin de plus de vêtements, de plus d'éclairage. Et puis, il y a le brouillard, la neige, le gel, les communications sont moins bonnes, on risque davantage d'accidents. Donc, moins de lumière, moins de chaleur, et tout devient plus difficile. Si vous voulez bien l'approfondir, cette image très simple vous fera comprendre combien il est nécessaire de rester lié au soleil spirituel, le Seigneur.

Contrairement à ce que croient beaucoup trop de gens, l'intellect n'est pas toujours un bon guide. Pourquoi ? Parce qu'il s'arrête à l'apparence des choses. Oui, et écoutez un peu ce que l'intellect d'une jeune fille lui raconte : « Ce garçon qui te demande de l'épouser, il est riche, beau, élégant, ses manières sont agréables, pourquoi hésites-tu ? Épouse-le, vraiment tu serais bien bête de laisser passer cette occasion. » Voilà les calculs que fait l'intellect en se basant sur les seules apparences. Et une fois mariée, la jeune fille découvrira que ce jeune homme, qui avait en apparence tout pour plaire, est cruel, égoïste, malhonnête… Que de souffrances et de chagrins elle aurait pu s'éviter si, au lieu d'écouter les calculs de son intellect, elle avait interrogé son cœur, son intuition !

Évidemment, ce n'est là qu'un exemple. Réfléchissez à tous les cas dans la vie où les calculs de l'intellect ne peuvent apporter que déceptions et regrets, et tirez-en des conclusions.

La sensation de fatigue dépend beaucoup de l'état intérieur. Travaillez pendant des heures avec amour et vous n'éprouverez aucune fatigue ; mais travaillez à peine quelques minutes dans le mécontentement, la colère, la révolte, tout va se bloquer en vous et vous vous sentirez épuisé.

Il faut comprendre l'efficacité, la puissance de l'amour. Tout ce que vous faites, efforcez-vous de le faire avec amour, ou alors ne le faites pas ! Ce que vous faites sans amour vous use, vous mine, et ne vous étonnez donc pas ensuite de n'avoir plus de ressort. Travailler sans amour, c'est comme si vous introduisiez du poison en vous. Vous direz qu'il y a des travaux que vous n'aimez pas, mais que vous avez tout de même l'obligation de faire par devoir. D'accord, vous y êtes obligé, mais trouvez au moins une raison de les faire avec amour. Cela ne dépend que de vous.

Les humains aspirent à l'unité, mais il est évident qu'ils ne parviennent pas à la réaliser. Pourquoi ? Parce qu'ils ne savent pas que c'est dans l'esprit et nulle part ailleurs qu'ils doivent la chercher. En dehors de l'esprit, on entre dans la multiplicité. L'hostilité, la possessivité, toutes les tendances à se trouver différent des autres, étranger à eux, proviennent de ce que l'être humain s'est éloigné de cet état de perfection où tous les esprits, identifiés à l'Esprit divin, ne font qu'un. Dans l'unité, jamais la moindre manifestation hostile n'apparaît.

Certains êtres sont allés tellement loin dans cette expérience de l'unité qu'ils se sentent vibrer à l'unisson avec toutes les créatures : il n'y a plus de séparation, toutes les âmes, tous les esprits vibrent à l'unisson et ils éprouvent ce qui arrive aux autres comme si c'était à eux-mêmes que cela arrivait. Et c'est cela, justement, le but de la Science initiatique : ramener les êtres vers cette conscience de l'unité.

Vous désirez sincèrement aider les autres à s'améliorer ? Évitez de les critiquer et ne leur faites pas la morale, mais commencez par vous améliorer vous-même. Seul votre exemple leur montrera qu'ils se trompent, qu'ils se conduisent mal. Oui, votre exemple. Car en travaillant sur soi-même, on travaille sur les autres : ils s'aperçoivent que vous possédez des qualités qu'ils ne possèdent pas, et c'est cela qui les améliore, parce qu'ils comprennent les avantages qu'ils auraient à vous imiter. Ceux qui s'occupent des faiblesses et des vices des autres, deviennent ternes, antipathiques, comme si ces défauts dont ils parlent finissaient par déteindre sur eux, et c'est lamentable, ils sont à plaindre.

Commencez donc par vous améliorer, et laissez les autres tranquilles. Acceptez-les, soyez patient, travaillez jour et nuit d'arrache-pied pour leur montrer tout ce que des efforts sincères permettent d'acquérir. Puisqu'ils ne le savent pas encore, ce n'est pas par des paroles que vous le leur apprendrez, mais par votre exemple.

La simplicité est un critère de vérité. C'est pourquoi la vision du monde des Initiés se caractérise par la simplicité : ils ont appris à ramener la multiplicité infinie des faits et des activités du plan physique et aussi du plan psychique, à quelques principes de base. Et quels sont ces principes ? Des figures géométriques. Oui. Cela vous étonne ?… Mais alors, pourquoi croyez-vous que certaines traditions philosophiques ont représenté Dieu comme un géomètre ? Platon lui-même l'écrit : Dieu est un géomètre.

À l'origine de cette conception de la Divinité, il y a de grands esprits qui avaient compris que la multiplicité des êtres et des choses créés, avec les relations qu'ils entretiennent entre eux, peut être ramenée à quelques principes très simples. Et quoi de plus simples que des figures géométriques : le cercle, le triangle, le carré, la pyramide, la croix ?…

Les entités lumineuses du monde invisible ne sont pas là uniquement pour nous protéger, elles sont là aussi pour nous éduquer, c'est pourquoi, souvent, elles nous laissent nous débrouiller. Un petit enfant a toujours près de lui quelqu'un pour le surveiller afin qu'il ne lui arrive aucun mal. Mais progressivement, on commence à le laisser seul afin qu'il apprenne à être responsable de ses actes. Eh bien, il en est de même pour la vie intérieure.

Jusqu'à un certain point, il y a dans le monde invisible des entités qui prennent soin de nous. Mais à celui qui a acquis une certaine maturité spirituelle, elles disent : « C'est à toi maintenant de te garder. » Les croyants commettent une grande erreur en s'imaginant que le Ciel sera toujours là pour les protéger. Non, et même il les laisse exposés au danger pour qu'ils développent leur conscience et se décident à prendre eux-mêmes des précautions.

Être un spiritualiste ne consiste pas à pratiquer des activités dites spirituelles, comme la méditation, la prière ou l'étude. Ce qui caractérise le spiritualiste, c'est le but qu'il donne à ses activités, et ce but doit être la réalisation d'une idée, d'un idéal supérieur. Or, justement, quand on voit pour quelles raisons de plus en plus de personnes s'adonnent à des pratiques spirituelles (dominer les autres, les séduire, obtenir le succès, l'argent, la gloire), il y a de quoi s'attrister et s'indigner.

L'essentiel, c'est le but. Ainsi, n'importe quelle activité de la vie quotidienne peut être spiritualisée si on sait comment y introduire par la pensée un élément divin. Être un spiritualiste, ce n'est pas mépriser la matière. Être un spiritualiste, c'est travailler par la lumière et pour la lumière, c'est apprendre à utiliser n'importe quel travail pour s'harmoniser avec le monde divin et se lier au Créateur.

Si vous réussissez à renforcer les défenses de votre organisme, il sera tellement bien armé que, confronté à cette résistance, l'ennemi, c'est-à-dire la maladie, rebroussera chemin. La preuve, on a vu pendant des épidémies certaines personnes qui circulaient tranquillement parmi les malades sans jamais être contaminées ; alors que d'autres, qui prenaient toutes sortes de précautions, étaient emportées par le mal. Pourquoi ? Parce que, chez les premières, le terrain n'était pas favorable à l'installation des microbes. Quand une place est bien protégée, l'ennemi reste impuissant.

Voilà pourquoi il est tellement important qu'au lieu de se concentrer sur la maladie, on commence par étudier la santé : les lois qui assurent son maintien, les facteurs dont elle est le résultat (respiration, nutrition, comportement) et qu'elles soient enseignées à tous. C'est là que commence la vraie médecine.

À cause de son grand pouvoir d'absorption, l'eau, en circulant sur la terre ou dans les airs, se charge d'impuretés. Mais la nature a aussi prévu certains processus par lesquels elle peut se décanter. Ces processus sont de deux sortes. Avec le premier, l'eau s'infiltre dans le sol ; là, dans l'obscurité, elle traverse différentes couches, abandonnant ses impuretés au passage. Ainsi, peu à peu, elle devient limpide et claire, et un jour elle jaillit quelque part comme eau de source. Dans le second cas, l'eau est chauffée par les rayons du soleil, elle devient légère, s'élève dans l'atmosphère sous forme de vapeur, et se purifie par son évaporation même ; plus tard, elle retombe sur la terre comme rosée ou pluie apportant la vie à la végétation.

Pour les humains, il existe aussi deux méthodes de purification. Ceux qui ne veulent pas se purifier par les rayons du soleil spirituel, l'esprit, doivent symboliquement descendre sous terre, passer par des endroits obscurs, c'est-à-dire par des difficultés, des souffrances, et subir de fortes pressions. Les véritables disciples choisissent l'autre méthode : ils s'exposent aux rayons de l'esprit, s'élèvent et absorbent les éléments les plus lumineux qui les purifient.

Il ne vous manque qu'une chose : la conviction. Vous êtes encore divisé, vous acceptez en vous la bifurcation : en même temps que vous dites avoir choisi la vie spirituelle, vous continuez à vivre comme n'importe quel autre, soucieux de vous assurer la sécurité et les succès matériels. Car on ne sait jamais, pensez-vous, ce que réserve l'avenir. Celui qui connaît son chemin et son but ne se laisse pas absorber par ces préoccupations. Vous direz : « Mais il faut quand même anticiper l'avenir et faire des réserves, s'assurer en prévision des mauvais jours. » Si vous vous préparez pour les mauvais jours, alors là, c'est sûr, ils viendront !

En réalité, vous avez déjà, dans une banque, des coffres où vous pouvez puiser. Cette banque, alimentée par Dieu Lui-même, est au-dedans de vous, dans votre volonté, dans votre cœur, votre intellect, votre âme et votre esprit. Décidez-vous à exploiter au moins quelques-unes de ces richesses qui vous ont été données.

Vous rencontrez des difficultés, des obstacles, c'est entendu… Mais si vous les prenez trop au sérieux, vous allez vous mettre dans des situations inextricables, parce que justement les difficultés, les obstacles ne peuvent être surmontés que si on commence par en minimiser la gravité.

Réellement, croyez-moi, ce n'est pas votre vrai Moi qui est touché par vos malheurs. Votre vrai Moi est au-dessus de toutes les vicissitudes de la vie. Alors, quelles que soient les épreuves que vous ayez à affronter, dites-vous : « Bien sûr, ces événements sont réels ; tel échec, telle déception, tel accident, je ne peux pas les nier… Mais est-ce vraiment à moi que cela arrive ? Non, moi je suis un esprit éternel, immortel, et ces inconvénients, c'est un autre que moi qui est en train de les vivre ; il n'y a là qu'une illusion dont je suis le spectateur. »

Parmi les philosophes, les médecins, les psychiatres et tous ceux qui se penchent sur le psychisme des humains, combien admettront l'influence d'entités bienfaisantes ou malfaisantes qui viennent les aider, les soutenir ou, au contraire, les tourmenter et les détruire?… Très peu. Pour la grande majorité, il s'agit d'éléments chimiques qui perturbent ou rétablissent le bon fonctionnement du psychisme.

On ne peut pas nier, c'est vrai, l'action d'éléments chimiques sur le psychisme, mais ces éléments sont produits par la présence d'esprits bienfaisants ou malfaisants que les humains ont attirés. Si par leurs faiblesses et leur mauvaise compréhension des choses, les humains ouvrent la porte aux entités ténébreuses, elles entrent en eux et produisent des dérèglements dans leur matière psychique. Que les médecins, les psychiatres donnent à ces troubles toutes sortes de noms et qu'ils les traitent avec des produits chimiques, c'est une autre question; ces troubles n'ont en réalité qu'une seule et unique origine: des indésirables, que les humains ont attirés par leur façon défectueuse de vivre.

Ne vous pressez pas d'avouer à quelqu'un que vous l'aimez. C'est votre amour qui vous rend heureux, qui vous donne l'impulsion, le sens de la vie ; mais comme l'être que vous aimez n'est pas encore une créature parfaite, s'il connaît votre sentiment, sans le vouloir il risque de tout gâcher. Il se dira : « Voilà une porte ouverte, allons-y, profitons-en. » Eh oui, c'est naturel. Quand vous sentirez que vous n'avez pas été compris, vous souffrirez, vous serez déçu, et alors que restera-t-il de votre amour ?

Comprenez que c'est l'amour qui est important, plus important que la personne que vous aimez, alors n'allez pas le sacrifier à quelqu'un qui risque de le détruire si vous faites l'erreur de le lui révéler. Vous pourrez en parler quand vous serez très préparé, très fort, et l'autre personne aussi. Mais en attendant, ne dites rien, continuez à aimer, car c'est votre amour qui vous nourrit, qui vous donne l'élan, le goût de vivre, le désir de surmonter tous les obstacles. Donc, ne le perdez pas.

Tous les efforts que vous faites pour améliorer votre vie physique, matérielle, ne vous rendront pas tellement heureux si vous ne vous efforcez pas, d'abord, de connaître et d'accepter les vérités qui amélioreront votre vie intérieure. Quoi que vous obteniez extérieurement, vous n'aurez jamais la plénitude, car la plénitude ne se trouve que dans l'effort personnel, l'effort de la volonté, de la pensée, de l'imagination.

D'ailleurs, vous le savez, combien de fois en avez-vous fait l'expérience ! Dans tout ce que vous arrivez à réaliser vous-même, vous trouvez une satisfaction, tandis que tout ce que vous recevez sans rien faire, même l'argent, ne vous donne pas la même joie. Oui, on le sait, mais on continue à attendre la joie de l'extérieur. C'est pourquoi malgré tout ce que l'on possède, on se sent toujours pauvre, insatisfait et dans le vide. Donc, quoi que vous possédiez, quoi que l'on vous donne, n'abandonnez jamais le travail intérieur. Jusqu'à la dernière minute, ne l'abandonnez pas !

Un thème astral ne donne que quelques indications sur la destinée des êtres ; donc, même s'il présente beaucoup de mauvais aspects, on ne doit pas y voir une prédestination absolue. La vérité, c'est que l'esprit humain est au-dessus des étoiles, des planètes et de leurs influences ; l'esprit est libre, il est tout-puissant. Quelles que soient les configurations que les astres ont tracées pour vous, au-dessus de la région où le destin est maître, règne votre esprit, et le destin ne peut rien contre lui.

Le seul moyen que vous ayez d'échapper au destin, c'est donc de vous mettre au service de l'esprit. Ne prétextez pas que vous êtes « né sous une mauvaise étoile » pour rester éternellement faible, paresseux, fainéant. Vous avez des dettes karmiques à payer, c'est entendu, mais ces dettes ne représentent qu'une seconde dans l'éternité. Il ne faut pas permettre maintenant à un seul moment d'assombrir la lumière de l'esprit. Quoi qu'il arrive, vous devez être convaincu qu'il brille en vous une étincelle que rien ni personne ne peut éteindre ou même obscurcir.

Combien de personnes cherchent à s'aventurer dans le monde invisible sans savoir réellement ce qu'il est, ni de quelles créatures il est peuplé. Et souvent, très souvent, les phénomènes d'apparitions, de matérialisations d'esprits auxquels elles assistent dans les séances spirites, ne sont pas produits par des entités lumineuses, mais par des créatures malfaisantes, des larves, des élémentaux qui s'amusent à égarer les humains. Donc, les messages transmis dans de pareilles séances peuvent être erronés ou même carrément mensongers.

Celui qui veut entrer en relation avec les esprits doit savoir qu'il court le risque d'être trompé, et même s'il reçoit des réponses exactes, il arrive que ce soit seulement l'effet du hasard. Les êtres capables d'entrer en relation avec le monde invisible sont très rares et il existe très peu de véritables clairvoyants.

Quels que soient les noms qu'on leur donne, l'existence d'entités ténébreuses est une réalité. Ces entités rôdent autour des humains, cherchant à s'introduire en eux, et quelquefois elles y réussissent. Pour les chasser, on pratique des rites d'exorcisme, mais cela nécessite une grande science.

Un Maître spirituel possède aussi des moyens très puissants pour sauver une créature devenue la proie d'esprits malfaisants. Seulement, pour les employer, il faut qu'il sente que ce sera utile, et qu'elle ne retombera pas tout de suite après dans leurs griffes, car alors son état serait encore bien pire. Quand il voit que toutes les conditions sont réunies, il va trouver la personne ; mais il ne va pas la trouver dans le plan physique, car c'est dans le plan astral qu'il doit faire ce travail. Il se rend donc auprès d'elle pendant son sommeil, par exemple, et il déclare la guerre aux entités ténébreuses ; il ne les laisse pas tranquilles jusqu'à ce qu'elles quittent cette personne. À son réveil, elle sent que son état s'est amélioré, ce qui lui permet de prendre conscience de ses erreurs – car pour être tombée dans les griffes d'esprits mauvais, c'est qu'elle les a attirés – et elle comprend qu'elle doit changer sa façon de vivre.

S'il n'est pas facile d'atteindre des états supérieurs d'harmonie, de paix, de joie, ce n'est tout de même pas le plus difficile ; le plus difficile est de les conserver. Par manque d'attention, par négligence, on les laisse s'effacer et on oublie même ce que l'on a vécu.

Vous direz que vous ne pouvez pas rester pendant des heures immobile, les yeux fermés, occupé à conserver en vous la même harmonie, la même lumière. Bien sûr, d'autres activités vous attendent, et nécessairement plus prosaïques. Mais en même temps que vous vous acquittez de ces différentes tâches, vous pouvez très bien faire en sorte de ne pas descendre dans les niveaux inférieurs de la conscience, et veiller sur cet état spirituel comme sur un objet précieux que vous transportez : de temps à autre, vous regardez pour vous assurer qu'il est toujours là, intact, rayonnant.

S'il vous arrive de vous sentir seul, abandonné, c'est tout simplement que vous vous êtes laissé enfermer dans un cercle trop limité. Alors, changez un peu l'orientation ou la direction de vos intérêts, de vos activités ; vous attirerez de l'univers des courants et des entités qui viendront vous soutenir, vous éclairer.

Je vous donne une méthode : élargissez le cercle de votre activité mentale, et si jusqu'à maintenant vous n'avez eu que vous-même ou votre famille comme centre d'intérêt, ou même si vous êtes maire, préfet, ministre ou… président de la République, élargissez encore le cercle de vos préoccupations. Oui, élargissez-le jusqu'à l'infini, embrassez le système solaire, tout le cosmos. Vous ne vous sentirez plus aussi petit, aussi misérable, aussi abandonné et délaissé, car vous deviendrez un facteur bénéfique pour l'humanité, vous deviendrez un véritable créateur.

Solar Civilizations.

L'univers est gouverné par des principes et ces principes sont comparables aux nombres de 0 à 9 à partir desquels se font toutes les combinaisons numériques. Les principes, comme les dix premiers nombres, sont donnés une fois pour toutes, mais personne n'est capable de prévoir les multiples combinaisons qu'ils peuvent produire, elles sont infinies. Et c'est cela que nous devons apprendre et accepter : les nouvelles combinaisons, les nouvelles formes qu'engendrent au cours du temps les principes qui, eux, sont éternels.

Dans tous les domaines, le mouvement est la loi de la vie. C'est donc une grande erreur de la part des religions de vouloir éterniser les formes. Seuls les principes sont éternels, et les formes, même celles d'une religion, doivent évoluer.

Quel spectacle touchant que les efforts d'un jeune enfant qui apprend à marcher ! Il vacille, il tombe, il se relève, il retombe, mais il se relève toujours… Tandis qu'un vieillard qui tombe est obligé d'attendre qu'on vienne le relever ; et quand on l'a relevé, il arrive qu'on soit obligé de l'amener à l'hôpital.

Quelle leçon tirer de ces deux exemples ? L'enfant et le vieillard sont les symboles des deux attitudes que peut adopter l'homme dans la conduite de sa vie. Combien de gens qui avaient décidé de travailler sur eux-mêmes pour s'améliorer s'arrêtent au premier échec, à la première chute, en disant : « C'est fini, je n'essaierai pas une seconde fois. » Eh bien, dans leur caractère, dans leur âme, leurs pensées, leurs sentiments, ces gens-là sont des vieillards ; ils n'entreront pas dans le Royaume de Dieu, car le Royaume de Dieu est pour les enfants, Jésus l'a dit : *« Si vous ne devenez pas comme les petits enfants, vous n'entrerez pas dans le Royaume des cieux. »* Cela vaut la peine de faire des milliers d'essais, si c'est nécessaire, et quelles que soient les chutes, de se relever pour continuer à marcher.

L'intellect est cette faculté grâce à laquelle les humains peuvent connaître la matière, et donc aussi agir sur elle. C'est pourquoi ils s'appliquent à cultiver leur intellect et qu'il y a dans le monde tellement de gens instruits, capables et habiles. C'est bien, mais plus les humains s'orientent dans cette direction, plus ils acquièrent aussi les moyens de dominer les autres, de s'imposer à eux, de les asservir. On n'a qu'à observer comment ils se conduisent...

Pourquoi en est-il ainsi ? Parce que l'instruction que l'on donne aux enfants et aux étudiants dans les écoles et les universités, ne s'adresse ni à leur cœur, ni à leur âme et encore moins à leur esprit, mais seulement à leur intellect ; et ils mettent cette instruction au service de leur nature inférieure qui se manifeste par l'égoïsme, l'ambition, la jalousie. Aucune des connaissances qu'ils reçoivent ne permet aux jeunes de travailler sur leur nature inférieure pour la dominer ; on leur fournit des armes sans leur donner l'idéal de s'améliorer, et alors, évidemment ils s'en servent pour satisfaire leurs appétits les plus grossiers.

Dictionnaire Initiatique

4 Décembre

Qu’est-ce que le destin ? Un enchaînement implacable de causes et de conséquences. Mais seule la vie biologique, instinctive, est absolument soumise au destin. Donc, tous les êtres qui s’identifient à leur corps physique, qui ont pour but principal dans l’existence la recherche des plaisirs, du confort et des biens matériels, ne peuvent échapper aux lois du destin. Tandis que celui qui a conscience d’être avant tout un esprit et qui cherche à manifester dans toutes ses activités la primauté de l’esprit pour laisser sur la terre des traces de lumière, d’amour, de noblesse, celui-là devient de plus en plus maître de son destin.

Alors, c’est clair, il n’y a pas tellement à discuter et à se poser de questions sur la liberté : seul celui qui s’efforce chaque jour de donner la première place à l’esprit échappera à l’emprise du destin et deviendra véritablement libre.

Les enfants sont plus spontanément attirés par ce qui va les blesser ou les rendre malades que par ce qui doit leur faire du bien. Et beaucoup de soi-disant spiritualistes leur ressemblent ! Sous l'influence d'un livre, ils décident de se lancer dans des pratiques dangereuses : l'hypnose, le spiritisme, la recherche des réincarnations… Pour faire de telles expériences en restant à l'abri des dangers, il faut être guidé par des entités très élevées, et ces entités acceptent de guider uniquement ceux qui ont fait un travail intérieur de purification, de maîtrise de soi. Elles ne vont pas s'occuper du premier imprudent ou cupide venu qui veut s'aventurer dans le monde invisible pour satisfaire sa curiosité ou ses convoitises. D'autres ont lu ou entendu quelque chose à propos de la force Kundalini que les yogis de l'Inde apprennent à éveiller, et immédiatement, sans savoir tout le travail préalable que cela nécessite, les voilà décidés à réveiller cette force. Mais que feront-ils ensuite avec elle ? Elle les brûlera, c'est tout.

Eh oui, pour les ignorants, pour les inconscients, les aventures psychiques sont toujours risquées, très risquées. Alors, ne vous pressez pas, commencez par vous purifier, par apprendre la maîtrise, étudiez bien, et un jour toutes ces expériences seront possibles pour vous.

Des quatre éléments, le feu est certainement celui qui exerce sur les humains le plus grand pouvoir de fascination. Ils regardent les flammes danser et, instinctivement, ils tendent les mains vers elles, comme s'ils sentaient qu'ils peuvent capter quelque chose. Pourquoi ? Vous direz que c'est la nature qui les pousse à agir ainsi. Oui, bien sûr, mais cette impulsion a une raison plus profonde.

À l'extrémité de nos doigts nous possédons des centres très sensibles, car pourvus d'un grand nombre de cellules sensitives. On a même pu constater que la sensibilité d'un être se mesure, entre autres, au renflement que présente l'extrémité de ses doigts. Donc, lorsque nous tendons les mains vers le feu, les centres sensibles au bout des doigts commencent à fonctionner : ils captent la chaleur ainsi que d'autres éléments subtils et les transmettent à notre organisme. Ainsi, non seulement notre corps est réchauffé, mais notre plexus solaire est favorablement influencé.

L'existence du mal est une des interrogations principales des philosophes, et depuis des milliers d'années les croyants de toutes les religions supplient : « Seigneur Dieu, anéantis le mal ! » Mais le Seigneur se gratte la tête, Il sourit même en se disant : « Les pauvres ! quand ils comprendront comment agir avec le mal, ils s'arrêteront de me supplier. » Mais, jusque-là, que de prières !

On doit prier, bien sûr, mais voilà ce que l'on doit demander : « Seigneur Dieu, révèle-moi comment Tu as créé le monde, comment Tu envisages les choses… Donne-moi cet entendement, cette sagesse qui me fera comprendre comment je peux, comme Toi, être au-dessus du mal. Apprends-moi à le mettre au service du bien pour réaliser de grandes choses. » Celui qui raisonne ainsi comprend que le mal a un rôle positif à jouer dans l'univers. Vous direz que vous êtes instruit autrement. C'est possible, mais cette instruction n'est pas complète ; elle est bonne et véridique pour les enfants, mais la réalité est tout autre. La création entière prouve que le mal est indispensable dans l'économie cosmique.

Partout dans l'univers nous voyons en action ces deux puissances que sont la vie et la mort. Mais, en réalité, la seule véritable puissance est la vie, car rien n'existe en dehors de la vie. La mort est contenue dans la vie, elle n'est qu'un changement de plan, un changement de forme, de vêtement, un déplacement pour une nouvelle mission à accomplir, une modification de l'état de conscience.

Une transformation de la vie ne peut pas être la fin de la vie. La vie et la mort se donnent la main et travaillent ensemble pour l'évolution. La mort n'est qu'une illusion. Que de fois déjà nous sommes tous passés par ce que l'on appelle la mort ! Et nous voilà de nouveau vivants... Seule existe la vie ininterrompue, la vie sans limites.

Le voleur qui se faufile dans une foule en cherchant ce qu'il pourrait bien dérober, est presque un clairvoyant. Comme s'il avait des antennes, il sent quelles sont les personnes vigilantes, éveillées, et celles qui dorment à moitié. Cet indice pour lui est la lumière, car de l'homme vigilant émane une sorte de clarté, et ce n'est donc pas à lui que le voleur va s'en prendre. Il recherche celui qui somnole les yeux ouverts et il s'empare de son porte-monnaie ou de son sac sans que l'autre s'en aperçoive, parce qu'il est en fait plongé dans une sorte d'obscurité.

De la même façon, les entités malfaisantes du monde invisible ne s'en prennent pas à celui chez qui elles sentent la lumière, car elles savent qu'elles seront tout de suite repérées et repoussées. Alors, attention : si vous voulez être à l'abri de toutes les espèces de voleurs, gardez toujours en vous une lumière allumée.

Le Père, le Fils et le Saint-Esprit constituent ce que les chrétiens appellent la Sainte Trinité. Aucun principe féminin n'est donc là mentionné. Pourtant, on ne peut pas ne pas se poser la question. Quand on entend énumérer : le Père, le Fils… qui sont des termes évoquant la famille, comment ne pas être surpris que le troisième membre de cette famille soit le Saint-Esprit ? Et qu'est-ce qu'une famille où il manque la mère ? Les kabbalistes, eux, sont dans le vrai lorsqu'ils enseignent que Dieu a une épouse, la Shékinah.

Les chrétiens doivent maintenant réfléchir et accepter l'existence de ce principe cosmique qui est la part féminine du Principe créateur. L'Être que l'on appelle Dieu et que le christianisme représente comme une puissance masculine est en réalité masculin et féminin. Pour qu'il y ait création, il faut qu'il y ait polarisation, c'est-à-dire présence d'un principe masculin mais aussi d'un principe féminin. Pour Se manifester, Dieu doit être à la fois masculin et féminin. C'est ce que l'on enseignait dans les Initiations orphiques : « Dieu est mâle et femelle. »

Combien de gens sont prêts à se battre et même à mourir pour la liberté ! Mais dès qu'ils sont libres, ils ne pensent qu'à se ligoter, à s'enchaîner. Eh oui, c'est triste à dire, mais c'est ainsi. On dirait que la liberté leur pèse, ils ne savent qu'en faire. Que peut-on faire quand on est libre ? On s'ennuie ; alors pour se distraire on va se fourrer dans des situations inextricables, et au revoir la liberté !

Tant que les humains n'auront pas la vraie lumière, c'est la liberté qui les poussera à faire les plus grandes folies. Combien de fois on a vu cela ! La liberté, qui est la meilleure des choses, peut dans certaines circonstances devenir la pire. À ce moment-là il vaudrait mieux pour eux qu'ils soient un peu ligotés. Bien sûr, il faut chercher à être libre, mais pour s'élever, se renforcer, s'éclairer et faire le bien autour de soi. C'est cela la vraie liberté.

On raconte que trois yogis, à la recherche de la perfection, étaient allés méditer dans la forêt. Un homme passe et, trouvant le premier sur son chemin, lui donne un coup. Le yogi se lève et lui en rend deux ! Pour celui-là, la perfection était encore loin, et l'histoire ne dit pas s'il reprit sa méditation. Continuant sa route, l'homme rencontre le deuxième yogi et lui donne aussi un coup. Celui-là se dresse pour rendre le coup, mais soudain il se reprend et se rassied. Lui au moins avait appris la maîtrise ! Quant au troisième yogi, il reçut le coup, mais ne s'en aperçut même pas et continua à méditer tranquillement.

La leçon est facile à tirer : le premier yogi appartenait encore à la catégorie des humains ordinaires qui ripostent en invoquant la justice et qui, malheureusement, se laissent entraîner à l'injustice. Le deuxième était de ceux qui ont appris à se maîtriser, parce qu'ils ont réfléchi aux conséquences de leurs actes ; ils se disent : « Ce n'est pas la peine, je vais encore embrouiller les choses. » Quant au troisième, il était déjà tellement évolué qu'il n'a même pas senti qu'on le frappait.

Les racines, le tronc et les branches… C'est tout ce qui reste d'un arbre, en hiver, après que les fleurs et les feuilles du printemps et les fruits de l'été sont tombés. Ce sont donc les parties les plus matérielles qui résistent et demeurent en permanence tout au long de l'année, alors que les éléments plus subtils, délicats, n'apparaissent que périodiquement. En effet, l'année suivante vient et voilà à nouveau les feuilles, les fleurs et les fruits. Si on ne connaissait pas les lois qui régissent la nature, on pourrait s'inquiéter devant le spectacle de tous ces arbres noirs et nus. Mais ces lois sont connues de tous, et chacun attend le printemps suivant pour voir la renaissance de la végétation.

Faisons maintenant une analogie : à quoi correspondent les fleurs, les feuilles et les fruits de l'arbre dans la vie de l'homme ? Aux inspirations qui le visitent de temps à autre et qui sont les manifestations de son âme et de son esprit. Les inspirations viennent et nous quittent, et lorsqu'elles nous quittent, nous ne devons pas nous décourager. Puisque notre âme et notre esprit ont déjà donné des fleurs et des fruits, ils fleuriront et fructifieront à nouveau. Nous devons seulement travailler, préparer les conditions afin que ces fleurs et ces fruits soient toujours plus beaux, plus parfumés, plus succulents.

À l'heure actuelle, le monde pullule de spécialistes. Bien sûr, la spécialisation est utile, nécessaire, mais avant de se spécialiser il est souhaitable d'avoir une vue de l'ensemble. Si vous commencez par explorer un petit morceau de terrain, vous raisonnerez et classerez les choses d'une façon erronée : parce que vous ne saurez rien de la totalité à laquelle il appartient. Tandis que si vous avez acquis une vision d'ensemble, vous pourrez vous permettre de vous concentrer sur un point particulier sans risque d'erreur.

La vie est trop courte pour qu'on puisse étudier chaque domaine en détail, c'est pourquoi la méthode des Initiés qui consiste à envisager tout d'abord l'ensemble, même si elle ne donne pas une connaissance tellement précise des choses, en présente au moins un aperçu conforme à la réalité. Et s'ils décident ensuite de se concentrer sur un sujet, ils l'approfondissent beaucoup mieux qu'un spécialiste qui n'a aucune idée de l'ensemble ; la connaissance qu'ils ont de cet ensemble, de cette unité, les éclaire sur cette petite particule, là, isolée du tout : ils peuvent la situer exactement.

Sans le savoir vous répétez chaque jour les deux grands processus cosmiques de la descente dans la matière et de la remontée vers l'esprit, de l'incarnation et de la désincarnation, de la naissance et de la mort. En vous habillant le matin, vous commencez par enfiler le vêtement le plus léger : tricot de corps, chemise… et vous continuez par des vêtements de plus en plus épais, jusqu'au manteau si vous devez sortir dans le froid. De même, pour vous incarner sur la terre, vous êtes entré dans des corps de plus en plus denses : les corps mental, astral, éthérique jusqu'au corps physique.* Et quand vous vous déshabillez le soir pour vous coucher, c'est le processus inverse : vous ôtez une à une toutes ces enveloppes. De la même façon, vous vous dégagerez un jour de vos différents corps pour retourner dans l'autre monde.

Tout ce qui est vêtement ou enveloppe symbolise l'incarnation dans la matière. On s'habille pour descendre et on se déshabille pour monter et regagner la région de l'esprit. Enlever ses vêtements, c'est traverser le monde opaque des apparences pour découvrir la réalité de l'esprit.

* Voir note et schéma, p. 372 et 373.

Pour échapper à vos malaises intérieurs, il y a toujours une solution : changer de plan. Prenons un exemple. Vous êtes chagriné, découragé, vous avez l'impression que tout est contre vous, les événements, les humains. Et voilà que vous vous endormez. Lorsque vous vous réveillez, quelques instants après, vous sentez que quelque chose a changé. Que s'est-il passé ? En vous endormant, vous avez changé de plan ; vous vous êtes échappé, et les « ennemis » qui vous poursuivaient n'ont pas pu vous suivre.

Il y a toujours un lieu où vous pouvez vous réfugier, et beaucoup de souffrances vous seraient épargnées si vous saviez changer de plan. Pensez-y. Au lieu de vous enfoncer dans des états négatifs comme dans des sables mouvants, réagissez tout de suite. Dès que vous ressentez une tristesse, un découragement, essayez d'aller dans une région où vous leur échapperez. Si vos tourments se trouvent dans l'intellect, allez dans le cœur. Si vous êtes poursuivi à la fois dans le cœur et dans l'intellect, montez dans l'âme. Si l'on vous poursuit encore dans l'âme, réfugiez-vous dans l'esprit. Dans l'esprit, plus rien ne peut vous atteindre.

Combien de gens se donnent le droit de tromper les autres, de les traiter avec négligence, de les faire servir à leurs ambitions ou à leurs intérêts sans penser qu'ils sont, eux aussi, des créatures qui demandent à être considérées, respectées ! Ils n'en tiennent pas compte et évidemment, à force de se sentir brimés et diminués, les autres ripostent, il ne faut pas s'en étonner.

Quelqu'un se demande : « Pourquoi on m'évite ? Pourquoi on ne m'aime pas ? » Il ne se rend pas compte qu'il a tout fait pour cela. Il regarde les autres ou s'adresse à eux avec froideur, mépris, il leur cache la vérité ou leur dit carrément des mensonges, mais, c'est extraordinaire, il se croit aimable !... Alors, c'est à chacun de s'analyser et de prendre conscience qu'il existe une loi de justice dont il doit tenir compte dans son propre intérêt. S'il se montre honnête, intègre, respectueux, les autres lui donnent leur confiance et c'est lui qui y gagne.

Depuis des millénaires, les humains cherchent un modèle idéal de société, et s'ils ne le trouvent pas, c'est qu'ils ne savent ni où ni comment le chercher. Pour le découvrir, ils doivent tourner leurs regards vers un lieu où règne une organisation parfaite : le soleil. Pas le soleil physique, évidemment, mais ce monde d'harmonie, de pureté et de lumière dont il est le symbole. La véritable organisation n'est pas seulement extérieure. Une bonne organisation extérieure est nécessaire, bien sûr, mais son pouvoir est limité ; et même, elle est inutile s'il n'y a pas un esprit qui vient l'animer.

Prenons l'être humain, par exemple, avec ses membres, ses organes, et tous les systèmes respiratoire, digestif, circulatoire, nerveux… Quelle organisation extraordinaire ! Mais alors, comment se fait-il que, malgré cette organisation, il soit tellement faible, vulnérable ? Parce que ça ne suffit pas : il faut qu'une organisation supérieure, une organisation spirituelle, pénètre cette organisation physique, la vivifie, la fortifie.

On associe généralement les larmes au chagrin, mais en réalité n'importe quelle émotion peut provoquer des larmes. Il y a des larmes de tristesse, de colère, de rage, de dépit, et il y a aussi des larmes de joie, d'émerveillement. La poésie, la peinture, la musique peuvent remplir nos yeux de larmes, mais également certaines conduites humaines quand elles sont particulièrement belles et nobles.

Dans la mesure où les larmes libèrent une certaine tension intérieure, quelle que soit leur origine, elles sont utiles. Mais évidemment les larmes de joie et d'émerveillement sont les plus bénéfiques. Alors, n'essuyez pas ces larmes d'un revers de main, recueillez-les dans un tissu propre et conservez-les soigneusement, car elles possèdent un grand pouvoir. Les larmes de dépit, de chagrin, de colère, laissez-les sécher, elles ne sont qu'un peu d'eau salée, mais conservez les larmes qui ont été arrachées aux profondeurs de votre âme.

Pourquoi gaspillez-vous votre vie à courir après des acquisitions qui ne sont pas aussi importantes que la vie elle-même ? Si vous pensiez d'abord à la vie qui est en vous, afin de la protéger, de la conserver dans la plus grande pureté, vous auriez de plus en plus de possibilités pour réaliser vos meilleurs désirs. C'est justement cette vie illuminée, éclairée, intense, qui peut tout vous donner.

Du moment que vous avez reçu la vie, vous croyez que vous pouvez en faire n'importe quoi… Eh non ! Quand vous aurez travaillé des années pour satisfaire vos ambitions, vous vous retrouverez un jour tellement épuisés, blasés, que si vous mettez en balance ce que vous avez obtenu et ce que vous avez perdu, vous vous apercevrez que vous avez presque tout perdu pour gagner très peu. Est-ce que c'est intelligent ?… Désormais, efforcez-vous de travailler uniquement à embellir votre vie, à la purifier, à la sanctifier. Seule la vie pure, harmonieuse, intense, peut aller toucher, dans les régions subtiles de l'espace, des courants, des entités qui viendront vous aider et vous inspirer.

21 Décembre

« Car tout homme sera salé de feu », disait Jésus. Quelle relation y a-t-il entre le sel et le feu ? Le feu est un symbole de l'esprit, comme le sel. Le sel, comme le feu, brûle. Mais le feu existe sous différentes formes, et il produit donc différentes sortes de brûlures. Le feu est synonyme de vie, mais il est aussi synonyme de souffrance et de mort. Le feu soutient la vie, mais il a également le pouvoir de la détruire, et il la détruit radicalement. Il en est de même avec le sel : le sel qui est tellement lié aux origines de la vie a le pouvoir de détruire la vie.

Le sel, comme le feu, peut donc être porteur de mort comme il est porteur de vie. Ainsi, lorsque Jésus dit : *« Tout homme sera salé de feu »,* cela signifie que personne ne peut échapper au sel et au feu. Mais ceux qui ont accueilli l'esprit en eux et travaillé avec lui, seront salés au feu de la vie ; tandis que ceux qui se sont opposés à l'esprit, seront salés au feu de la souffrance et de la mort. C'est une loi à laquelle il est impossible d'échapper.

Sur les chemins de la vie nous avons deux guides : la sagesse et l'amour. Nous devons apprendre à travailler d'après les lois de la sagesse et les méthodes de l'amour.

La sagesse et l'amour peuvent être comparés aux aiguilles d'une horloge : la sagesse est la petite aiguille qui marque les heures, et l'amour la grande aiguille qui marque les minutes. Grâce à la sagesse nous choisissons une orientation, un programme à réaliser, valable pour l'éternité. Mais pour le réaliser nous devons adopter les méthodes de l'amour, c'est-à-dire vivre chaque minute avec joie et enthousiasme, sans jamais perdre notre élan. C'est ainsi que nous concilions le programme de la journée et celui de l'éternité. La sagesse montre dans quelle direction marcher et le cœur entretient le mouvement.

Les fêtes chrétiennes ne sont, pour la plupart, que la survivance, sous une autre forme et avec une autre signification, d'antiques fêtes païennes. À leur approche on organise des réjouissances : on amasse des victuailles, on prépare des décorations, de nouvelles toilettes ou même des déguisements.

Mais un spiritualiste voit dans la fête bien autre chose qu'une occasion de manger, de boire, de changer de vêtements et de s'amuser. Il s'efforce de rechercher dans les régions subtiles des énergies qui régénéreront ou vivifieront son cœur et son âme. Et il sait aussi que dans cette atmosphère d'échanges joyeux, bienfaisants, les entités lumineuses viennent puiser des éléments dont elles se serviront ensuite pour poursuivre leur travail à travers le monde. Si vous voulez les aider dans ce travail, confiez-leur votre joie, toute cette richesse spirituelle que vous procure une fête, afin que d'autres en bénéficient. Alors, cette joie, cette richesse vous reviendront encore amplifiées.

Les images saintes peuvent vous aider, mais à condition que vous sachiez comment les considérer. Si vous priez devant des représentations du Christ, de la Vierge, des saints, ce ne sont pas elles à qui vous devez vous adresser et qui vous répondront, vous exauceront. Ces images sont seulement des intermédiaires… ou si vous voulez, des échelles, grâce auxquelles vous vous élevez pour accéder à ces entités supérieures. De la même façon un temple, une église est une échelle, car cet espace sacré vous donne toutes les conditions pour vous recueillir, pour trouver en vous-même les moyens de rejoindre les régions célestes où vous recevrez l'inspiration, le salut. Voilà la véritable science : elle ne détruit rien, elle vous apprend comment considérer les images saintes et les lieux de culte.

Et si un être d'une grande spiritualité vous donne un objet qu'il a béni, acceptez-le avec reconnaissance, car c'est un talisman. Mais ne vous imaginez pas que ce talisman en lui-même est tout-puissant. Non, à travers lui essayez d'aller plus haut, plus loin, liez-vous avec la force cosmique qui l'imprègne, et c'est à ce moment-là que cet objet agira efficacement sur vous.

Avant de quitter ses disciples, Jésus leur dit: *« Maintenant, je m'en vais vers Celui qui m'a envoyé. J'ai encore beaucoup de choses à vous dire, mais vous ne pouvez pas les porter maintenant. Quand le Consolateur sera venu, l'Esprit de Vérité, il vous conduira dans toute la vérité ».* Ces paroles de Jésus signifient que seul l'Esprit peut nous donner la véritable compréhension de son enseignement. Nous devons donc méditer le message évangélique, nous en imprégner en nous liant aux entités célestes afin d'exalter son essence en nous-même.

Le jour où nous parvenons à éprouver les grandes vérités contenues dans les Évangiles comme des réalités vivantes et agissantes, tout notre être intérieur en est purifié, éclairé, régénéré. Car ces vibrations qui viennent du monde de l'âme et de l'esprit sont ressenties par notre être entier, et alors quelque chose qui sommeillait en nous s'éveille et se met en mouvement. Les textes évangéliques, même si certains érudits en critiquent souvent le style, sont comparables à des courants de forces qui ont le pouvoir d'éveiller notre âme à une vie nouvelle. C'est ce que l'on appelle la deuxième naissance, la naissance du Christ.

Les montagnes sont d'immenses antennes qui mettent la terre en communication avec le ciel : elles font le lien entre la terre et le ciel, c'est pourquoi l'eau qui descend des hautes montagnes est imprégnée des fluides du ciel.

Par leurs sommets les montagnes captent les forces et les énergies célestes qui se manifestent sous forme de grands tourbillons, d'ondes puissantes et lumineuses. À cause de la présence de ces courants d'énergies, les esprits de la nature, des esprits très évolués, visitent souvent les sommets des montagnes : ils se baignent dans ces effluves pour se renforcer, se régénérer, puis ils repartent faire leur travail à travers le monde.

La vérité apparaît à la majorité des humains comme quelque chose d'inaccessible qu'il leur faudrait aller chercher derrière les étoiles, mais est-ce que réellement la vérité est si difficile à trouver?... N'est-ce pas plutôt qu'ils ne savent pas ce qu'ils doivent chercher et comment le chercher, ou qu'ils veulent pouvoir justifier toutes leurs faiblesses?

Pour celui qui la cherche honnêtement, la vérité n'est pas tellement difficile à trouver. Comment imaginer que le Créateur, l'Intelligence cosmique (vous pouvez L'appeler comme vous voulez) ait placé l'homme dans une situation où il ne trouverait jamais son chemin? Qu'il n'ait pas la révélation de la Vérité absolue, c'est entendu; celui qui prétend la détenir se trompe. Mais qu'il ne puisse pas connaître une vérité qui le guidera chaque jour de sa vie, non, ce n'est pas possible, et personne n'est excusable de ne pas la trouver.

Si vous voulez que la joie ne vous quitte jamais, cherchez à vivre dans l'âme et dans l'esprit : eux seuls ont le pouvoir de vous projeter dans l'espace infini et dans l'éternité. À ce moment-là, même si un malheur vous frappe, même si vous souffrez, vous ressentez encore de la joie.

La souffrance et la joie… Vous direz qu'il est impossible de vivre à la fois deux états aussi contradictoires. Si, c'est possible. Pourquoi ? Parce que l'être humain est fait de deux natures : la nature inférieure qui ressent toujours douloureusement la moindre contrariété, le moindre obstacle, la moindre perte, et la nature supérieure qui vit dans une éternelle lumière et une éternelle félicité. Si vous savez observer ce qui vous arrive du point de vue de la nature supérieure, vous découvrirez que la tristesse et le chagrin peuvent être considérés comme une sorte de boue, un limon fertile dont les arbres et les fleurs de votre jardin intérieur ont besoin pour croître.

Nombreuses sont les traditions qui donnent au métier de forgeron une signification symbolique. Mais ce qui m'intéresse surtout, ce sont les correspondances qu'on peut y découvrir avec certains processus de la vie intérieure.

Le forgeron qui veut façonner un morceau de fer, commence par le chauffer ; ensuite il le bat pour lui donner une forme. Tant que le fer n'est pas chauffé, on peut le battre autant qu'on voudra, il résiste ou bien se casse. Ce phénomène révèle que la véritable éducation des êtres ne peut se faire que par la chaleur, la chaleur du cœur : l'amour. Tous ceux qui comptent trop sur l'intellect au détriment des valeurs du cœur ont encore besoin d'être éduqués, et cette éducation passe par le feu de la souffrance. Ils se demandent pourquoi ils ressentent des brûlures et pourquoi ils reçoivent des coups… Eh bien, c'est le Ciel qui est en train de les chauffer et de les battre : en les faisant passer par ces épreuves, il veut leur donner des formes divines.

Celui qui s'efforce chaque jour de se mettre en accord avec les lois divines, prépare les meilleures conditions pour ses autres vies dans ce monde ou dans l'autre, car il entre en relation avec les entités, les intelligences les plus évoluées, et elles viendront s'installer en lui : il les attire, il crée avec elles une association, il travaille avec elles. Alors, plus tard, quand il quittera la terre, quand son corps physique se désagrégera et que toutes les particules qui le composent iront rejoindre à nouveau les quatre éléments, il se retrouvera dans l'autre monde en compagnie de ces entités qu'il a attirées.

Sans le savoir, sans connaître encore tous les amis qui en feront partie, chacun de vous est en train de travailler à former la société dans laquelle il vivra dans l'autre monde. Et voilà l'explication de ce que les religions ont appelé l'Enfer, le Purgatoire et le Paradis.

Sans qu'aucun signe avant-coureur vous en ait averti, il peut arriver que vous vous sentiez soudain envahi par la lumière : d'un seul coup votre conscience est projetée très haut dans le plan de la superconscience et vous êtes ébloui par l'immensité, la beauté dans laquelle vit votre Moi supérieur… Malheureusement, cet état ne dure pas, et vous reprenez à nouveau votre vie quotidienne avec les mêmes soucis, les mêmes faiblesses : vous vous sentez dans l'obscurité, à l'étroit, coupé de votre Moi supérieur, votre Moi divin, comme un fragment séparé du Tout… Ensuite, de nouveau, vous sentez un éclaircissement, une illumination, et là encore ce moment ne dure pas.

Mais ne vous découragez pas, continuez à travailler, à faire des efforts. Un jour, enfin, après tous ces hauts et ces bas, après toutes ces oscillations entre la clarté et les ténèbres, la lumière ne vous quittera plus, vous aurez changé de rive et vous serez définitivement sauvé.

Note : Sans rejeter la division corps – âme – esprit adoptée traditionnellement en Occident, Omraam Mikhaël Aïvanhov a surtout utilisé la division en six – ou sept – corps, inspirée de la philosophie hindoue. (Le corps éthérique, souvent mentionné, fait partie du corps physique. Voir à ce sujet le chapitre VI de « La vie psychique : éléments et structures »).

Les trois activités fondamentales par lesquelles se caractérise l'homme sont la pensée (qui a pour instrument l'intellect), le sentiment (qui a pour instrument le cœur) et l'action (qui a pour instrument le corps physique). Ne croyez pas que seul le corps physique soit fait de matière : le cœur et l'intellect aussi sont des instruments matériels, seulement leur matière est plus subtile que celle du corps physique.

Une longue tradition ésotérique enseigne que le support, le véhicule du sentiment est le corps astral et celui de l'intellect le corps mental. Mais cette trinité : corps physique, corps astral, corps mental constitue notre nature humaine imparfaite. Ces mêmes facultés de la pensée, du sentiment et de l'action se retrouvent en nous à un niveau supérieur, et là, leurs véhicules sont les corps causal, bouddhique et atmique qui forment notre Moi divin. Les trois grands cercles concentriques indiquent les relations qui existent entre les corps inférieurs et supérieurs.

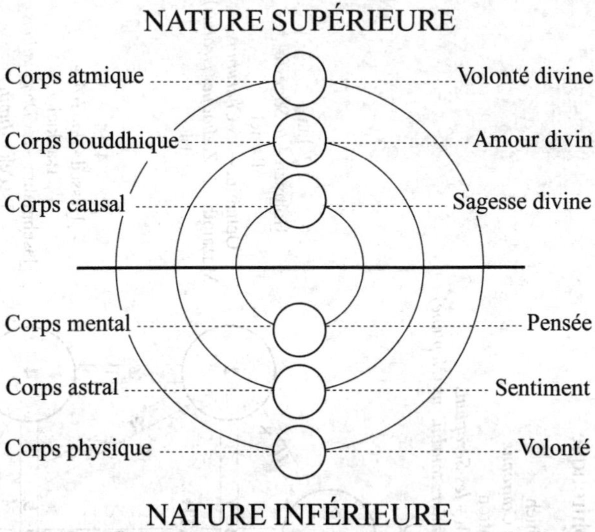

Le corps physique qui représente la force, la volonté, la puissance dans le plan matériel est lié au corps atmique qui représente la force, la puissance et la volonté divines.

Le corps astral qui représente les sentiments et les désirs égoïstes et personnels, est lié au corps bouddhique qui représente l'amour divin.

Le corps mental qui représente les pensées ordinaires et intéressées est lié au corps causal qui représente la sagesse divine.

Omraam Mikhaël Aïvanhov

« La vie psychique : éléments et structures » – *N° 222, chap. III, Collection Izvor.*

Arbre séphirotique

1 Ehiéh
Kéther – *la Couronne*
Métatron
Hayoth haKodesch – *les Séraphins*
Reschith haGalgali – *les premiers tourbillons (Neptune)*
♆

3 Jéhovah
Binah – *l'Intelligence*
Tsaphkiel
Aralim – *les Trônes*
Chabtaï – *Saturne*
♄

2 Iah
Hohmah – *la Sagesse*
Raziel
Ophanim – *les Chérubins*
Mazaloth – *le Zodiaque (Uranus)*
♅

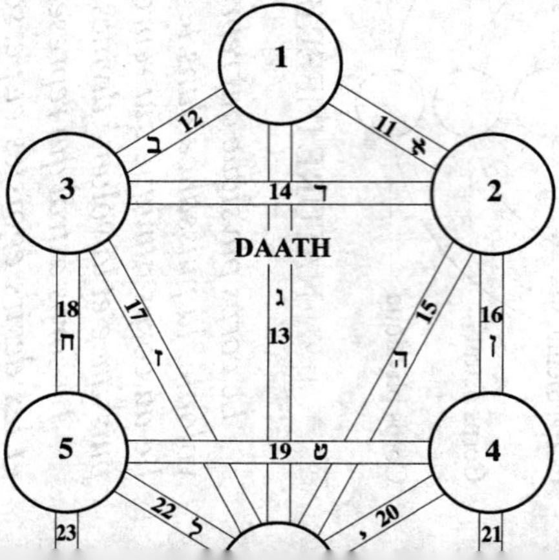

5 Elohim Guibor
Guébourah – *la Force*
Kamaël
Séraphim – *les Puissances*
Madim – *Mars*
♂

4 El
Hessed – *la Grâce*
Tsadkiel
Haschmalim – *les Dominations*
Tsédek – *Jupiter*
♃

8 Elohim Tsébaoth
Hod – *la Gloire*
Raphaël
Bneï-Elohim – *les Archanges*
Kohave – *Mercure*
☿

9 Chadaï-El-Haï
Iésod – *le Fondement*
Gabriel
Kéroubim – *les Anges*
Lévana – *Lune*
☽

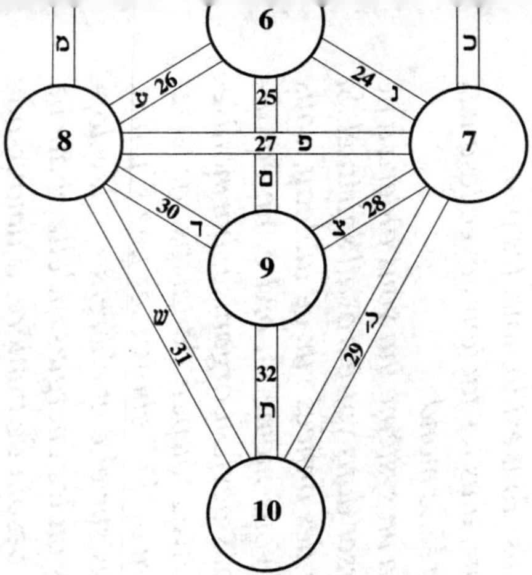

7 Jéhovah Tsébaoth
Netsah – *la Victoire*
Haniel
Elohim – *les Principautés*
Noga – *Vénus*
♀

6 Eloha vaDaath
Tiphéreth – *la Beauté*
Mikhaël
Malahim – *les Vertus*
Chémesch – *Soleil*
☉

10 Adonaï-Méleh
Malhouth – *le Royaume*
Sandalfon
Ischim – *les Hommes parfaits*
Olam Iésodoth – *Terre*
♁

Note :

L'Arbre de Vie est un schéma symbolique qui résume toute la Science initiatique, les doctrines de tous les Initiés. On peut le comparer à une graine, à une semence : plantez-la, elle fera apparaître devant vous toute la création avec la multitude des créatures. Ce schéma peut devenir un instrument magique, un pantacle parmi les plus puissants. Tout est là, tous les principes, tous les éléments, tous les facteurs avec lesquels le Seigneur a créé le monde.

Vous avez là un système qui vous aidera à ne pas vous disperser dans votre travail spirituel. Si vous travaillez des années sur ce tableau, vous introduisez en vous-même un ordre, un équilibre ; tout en vous devient organisé, harmonisé. Dès que vous avez un peu de temps, arrêtez-vous sur l'Arbre de Vie, choisissez une séphira, concentrez-vous sur elle et cherchez à développer les qualités ou les énergies qu'elle contient. Que vous ayez besoin de lumière, d'amour, que vous ayez besoin de force, de protection, de générosité, de justice ou de vie... adressez-vous à l'Arbre de Vie : il est là à la disposition des fils et des filles de Dieu qui ont besoin de se nourrir de la vie divine.

Omraam Mikhaël Aïvanhov

LES FRUITS DE L'ARBRE DE VIE
Tome 32 – Œuvres Complètes

INDEX

A

D

M

S

Du même auteur:

Collection des « Œuvres Complètes »

Tome 1 – La deuxième naissance
Amour, Sagesse, Vérité
Tome 2 – L'alchimie spirituelle
Tome 3 – Les deux arbres du Paradis
Tome 4 – Le grain de sénevé
Tome 5 – Les puissances de la vie
Tome 6 – L'harmonie
Tome 7 – Les mystères de Iésod,
les fondements de la vie spirituelle
Tome 8 – Langage symbolique, langage de la nature
Tome 9 – « Au commencement était le Verbe »
commentaires des Évangiles
Tome 10 – Les splendeurs de Tiphéreth,
le soleil dans la pratique spirituelle
Tome 11 – La clef essentielle
pour résoudre les problèmes de l'existence
Tome 12 – Les lois de la morale cosmique
Tome 13 – La nouvelle terre
Méthodes, exercices, formules, prières
Tome 14 – L'amour et la sexualité *
Tome 15 – L'amour et la sexualité **
Tome 16 – Hrani Yoga
Le sens alchimique et magique de la nutrition
Tome 17 – « Connais-toi, toi-même » Jnani yoga *
Tome 18 – « Connais-toi, toi-même » Jnani yoga **
Tome 19 – Zémia, *la terre - Une pensée pour chaque jour*
Tome 20 – Voda, *l'eau - Une pensée pour chaque jour*
Tome 21 – Veuzdouh, *l'air - Une pensée pour chaque jour*
Tome 22 – Oguèn, *le feu - Une pensée pour chaque jour*
Tome 23 – La nouvelle religion : solaire et universelle *
Tome 24 – La nouvelle religion : solaire et universelle **
Tome 25 – Le Verseau et l'avènement de l'Âge d'Or *
Tome 26 – Le Verseau et l'avènement de l'Âge d'Or **
Tome 27 – La pédagogie initiatique *
Tome 28 – La pédagogie initiatique **
Tome 29 – La pédagogie initiatique ***
Tome 30 – Vie et travail à l'École divine *
Tome 31 – Vie et travail à l'École divine **
Tome 32 – Les fruits de l'Arbre de Vie
La tradition kabbalistique

Du même auteur :

Collection Izvor

200 – Hommage au Maître Peter Deunov
201 – Vers une civilisation solaire
202 – L'homme à la conquête de sa destinée
203 – Une éducation qui commence avant la naissance
204 – Le yoga de la nutrition
205 – La force sexuelle ou le Dragon ailé
206 – Une philosophie de l'Universel
207 – Qu'est-ce qu'un Maître spirituel ?
208 – L'égrégore de la Colombe ou le règne de la paix
209 – Noël et Pâques dans la tradition initiatique
210 – L'arbre de la connaissance du bien et du mal
211 – La liberté, victoire de l'esprit
212 – La lumière, esprit vivant
213 – Nature humaine et nature divine
214 – La galvanoplastie spirituelle et l'avenir de l'humanité
215 – Le véritable enseignement du Christ
216 – Les secrets du livre de la nature
217 – Nouvelle lumière sur les Évangiles
218 – Le langage des figures géométriques
219 – Centres et corps subtils – *Aura, plexus solaire, centre Hara…*
220 – Le zodiaque, clé de l'homme et de l'univers
221 – Le travail alchimique ou la quête de la perfection
222 – La vie psychique : éléments et structures
223 – Création artistique et création spirituelle
224 – Puissances de la pensée
225 – Harmonie et santé
226 – Le Livre de la Magie divine
227 – Règles d'or pour la vie quotidienne
228 – Regards sur l'invisible
229 – La voie du silence
230 – Approche de la Cité céleste – *Commentaires de l'Apocalypse*
231 – Les semences du bonheur
232 – Les révélations du feu et de l'eau
233 – Un avenir pour la jeunesse
234 – La vérité, fruit de la sagesse et de l'amour
235 – « En esprit et en vérité »
236 – De l'homme à Dieu – *Séphiroth et hiérarchies angéliques*
237 – La Balance cosmique – *Le nombre 2*
238 – La foi qui transporte les montagnes
239 – L'amour plus grand que la foi
240 – Qu'est-ce qu'un fils de Dieu ?
241 – La pierre philosophale – *des Évangiles aux traités alchimiques*
242 – Aux sources inaltérables de la joie
243 – Le rire du sage
244 – Marchez tant que vous avez la lumière

Du même auteur :

Collection Sila – (Livres - CD)

S801 – Parole Solaire

S802 – Parole de Fraternité

S803 – Parole d'Espérance

Textes choisis, lus par l'auteur, et accompagnés de chants et musiques du Maître Peter Deunov.

DVD de conférence vidéo (improvisée)

DVD7001FR – La prière, les bienfaits de la collectivité

Conférence en français *– Sous-titrage en anglais, espagnol, français, allemand, italien, portugais, néerlandais, russe, roumain, norvégien, bulgare.*

Disques compacts (Conférences improvisées)

CD5001FR – Le sens cosmique, mystique et historique de Noël

CD5002FR – L'importance de l'ambiance

CD5003FR – La science de l'éducation

CD5004FR – La prière

CD5005FR – La loi de l'enregistrement

CD5006FR – La véritable vie spirituelle

CD5007FR – L'aura

CD5008FR – La mission de l'art

CD5009AN – The Seed *(en anglais)*

CD5010FR – Déterminisme et indéterminisme

CD5011FR – La vraie beauté

CD5012FR – Introduction à l'astrologie initiatique *(triple CD)*

CD5013FR – L'Éternel Printemps

CD5014FR – La méditation *(triple CD)*

CD5015FR – Messages et conférence

CD5016AN – The Role of the Mother during Gestation *(en anglais – double CD)*

CD5017FR – Le bonheur

CD5018FR – La réincarnation *(triple CD)*

CD5019FR – La science de l'unité

CD5020FR – Le monde des archétypes

CD5021FR – Les deux natures de l'être humain

Éditeur-Distributeur

Éditions Prosveta S.A. - Z.A. Le Capitou - B.P. 12
F - 83601 Fréjus CEDEX (France)
Tél. (33) 04 94 19 33 33 – Fax (33) 04 94 19 33 34
E-mail: international@prosveta.com
Site Internet: www.prosveta.com

Distributeurs

ALLEMAGNE
PROSVETA Verlag GmbH – Heerstrasse 55 – 78628 Rottweil
Tél. (49) 741-46551 – Fax. (49) 741-46552 – e-mail: prosveta7@aol.com

ARGENTINE
ASOCIACIÓN SOPHIA – Chile 1736 – Ciudad Mendoza
Tél (54) 261 420 10 47 – e-mail: info@sophia.org.ar

AUSTRALIE
PROSVETA AUSTRALIA
6/A Tyneside Avenue – North Willoughby – Sydney NSW 2068
Tel. (61) (0) 2 8197 1006
e-mail: prosveta.au@bigpond.com

AUTRICHE
HARMONIEQUELL VERSAND – Hof 37 – A- 5302 Henndorf am Wallersee
Tél. / Fax. (43) 6214 7413 – e-mail: info@prosveta.at

BELGIQUE & LUXEMBOURG
PROSVETA BENELUX – Beeldenmakersstraat 1 – B 8000 Brugge
Tél./Fax. (32)(0)50/61 69 10 – e-mail : prosveta@skynet.be
N.V. MAKLU Somersstraat 13-15 – B-2000 Antwerpen
Tél. (32) 3/231 29 00 – Fax (32) 3/233 26 59
S.D.L. CARAVELLE S.A. – rue du Pré aux Oies, 303 – 1130 Bruxelles
Tél. (32) 2 240 93 00 – Fax (32) 2 216 35 98
e-mail : info@sdlcaravelle.com

BOLIVIA
BELTRÁN – Calle Muñoz Cornejo, Sopocachi – La Paz
e-mail: mariabelre@yahoo.es

BULGARIE
SVETOGLED – Bd Saborny 16 A, appt 11 – 9000 Varna
e-mail: vassil100@abv.bg – Tél. / Fax. (359) 52 63 90 94

CANADA
PROSVETA Inc. – 3950, Albert Mines – Canton-de-Hatley (Qc), J0B 2C0
Tél. (819) 564-8212 – Fax. (819) 564-1823
in Canada, call toll free: 1-800-854-8212
e-mail: prosveta@prosveta-canada.com / www.prosveta-canada.com

CHYPRE
THE SOLAR CIVILISATIONBOOKSHOP – BOOKBINDING
73 D Kallipoleos Avenue – Lycavitos – P. O. Box 24947, 1355 – Nicosia
e-mail: cypapach@cytanet.com.cy – Tél. / Fax. 00357-22-377503

COLOMBIE
AFBU COLOMBIA – Calle 146 N° 13-10, Apto 404 Interior 2 – Bogotá, Colombia
Tel. (57)16 14 53 85 – Fax. (57)16 33 58 03 – Celular: (57) 311 810 25 42
e-mail: kalagiya@hotmail.com